KB274389

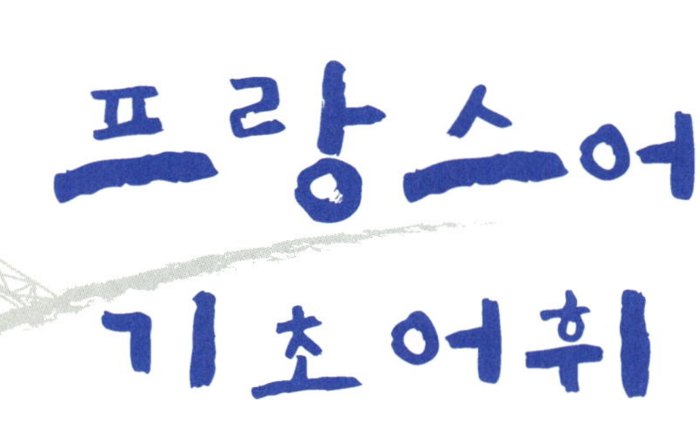

프랑스어 기초어휘

Le vocabulaire français

김 경 랑 · 최 내 경

(성우 : Séverine Deveau / Cyril Mahé)

1945

문예림

저 자 **김경랑**

이화여자대학교 불어불문학과를 졸업한 후 프랑스 Lyon Ⅱ 대학에서 불어교수법 학사 및 석사를 마치고 서울대학교 사범대학에서 교육학 박사를 취득하였다. 현재 알리앙스 프랑세즈와 서울대학교에 출강하고 있고 서울대학교 교육종합연구소 연구원으로 재직 중이다. 저서로 〈여행 프랑스어〉, 역서로 〈프랑스 학교〉와 교육과 관련된 다수의 논문이 있다.

저 자 **최내경**

이화여자대학교 불어불문학과를 졸업한 후 서강대에서 불어학 석사학위와 박사학위를 취득했다. 현재 서강대, 삼육대, 덕성여대 등에서 강의하고 있다. 저서로 〈몽마르트르를 걷다〉, 〈A la rencontre des français et des francophones〉, 〈파리 예술 카페 기행〉, 〈고흐의 집을 아시나요?〉, 〈어느 일요일 오후〉, 〈이야기 프랑스어〉 등이 있다. 역서로는 〈별〉, 〈어린 왕자〉, 〈모파상의 행복〉, 〈목화의 역사〉, 〈여자의 사랑이 남자를 바꿀 수 없다〉, 〈부자뱅이, 가난뱅이〉, 〈샤를 페로가 들려주는 프랑스 옛이야기〉, 〈인상주의〉, 〈나는 죽을 권리를 소망한다〉, 〈사랑할 땐 사랑한다고 말하자〉 등 다수가 있다.

김경랑 · 최내경 공저로는 〈프랑스어 발음 연습〉, 〈상황별로 배우는 프랑스어〉, 〈쉽고 실용적인 기초 프랑스어문법〉, 〈프랑스어 표현 5000〉, 〈프랑스 문화읽기〉, 〈샹송으로 배우는 프랑스어〉, 〈뀡먹고 알먹는 프랑스어 첫걸음〉 등이 있다.

성우 Séverine Deveau : 서울대학교 불어불문학과 교수
Cyril Mahé : 서울 알리앙스 프랑세즈(Alliance Française) 강사

프랑스어
기초어휘 (Le vocabulaire français)

초판 인쇄 : 2009년 2월 5일
재판 발행 : 2011년 11월 1일

저　자 : 김경랑 · 최내경
펴낸이 : 서 덕 일
펴낸곳 : 도서출판 **문예림**
등　록 : 1962. 7. 12 제2-110호

주소 : 서울특별시 광진구 군자동 1-13 문예하우스 101호
전화 : (02)499-1281~2,
팩스 : (02)499-1283
http://www.bookmoon.co.kr
E-mail : book1281@hanmail.net

ISBN 978-89-7482-468-6(13760)

＊잘못된 책이나 파본은 교환해 드립니다.

　〈프랑스어 기초 어휘〉는 처음 프랑스어를 시작하는 사람들에게 의사소통이나 독해를 위해 필요한 일련의 기초 어휘를 제공하고 더 나아가 중급 프랑스어 학습자들에게는 지금까지 배운 어휘들을 주제별로 정리하는 기회를 제공하고자 마련하였습니다.

　〈프랑스어 기초 어휘〉는 모두 47개의 주제를 다루고 있습니다. 일상생활의 의사소통에 필요한 인사와 소개에서부터 감정표현 및 성격과 신체 묘사, 스포츠와 취미활동 등을 다루었고 프랑스어권 지역의 여행시 필요하리라 여겨지는 호텔 및 레스토랑, 교통수단 등의 주제를 다루었습니다. 그 외에도 컴퓨터, 우체국, 거주지, 집안용품 등 프랑스 생활에서 유용할 주제들과 함께 프랑스 교육체제, 프랑스 음식 등의 내용도 포함하였습니다.

　각 장의 연습문제들은 배운 내용을 보완하거나 심화하기 위해 활용하면 좋을 것입니다.

　여러분은 혹시 몇 마디의 어휘를 이용하여 외국인과 의사소통을 해본 경험이 없나요? 상대방이 하고자 하는 말을, 알고 있는 몇 개의 어휘의 뜻을 통해 짐작해 냈던 경험은 또 없으신지요?

　풍부한 어휘지식은 자신의 생각을 정확하고 효과적으로 표현할 수 있게 하고 다른 사람의 생각과 느낌을 잘 이해할 수 있도록 도와줍니다.

　이 책을 통해 프랑스어 학습자 여러분들의 의사소통과 독해에 필요한 기초 어휘에 대한 준비가 이루어지시길 바라며, 편집을 위해 도와주신 문예림 가족 여러분께 감사드립니다.

2008년 12월

김 경 랑 · 최 내 경

인 사(La salutation)

Salut ! Ça va? (안녕? 잘 지내니?)
－Ça va. Et toi? (잘 지내. 너는?)
Tu vas bien? (잘 지내지?)

Bonjour, Tu vas bien?
(안녕? 잘 지내니?)
－Très bien. Merci, et toi?
(아주 잘 지내. 고마워. 너는?)

Au revoir. À demain!
(안녕. 내일 봐요!)
－Ciao!
(안녕!)

■ 친구사이, 서로 잘 아는 사이,
　가족관계의 2인칭 단수는 Tu　toi : tu의 강세형

Bonjour, M.Berlin? Comment allez-vous?
(안녕하세요, 베를렝씨. 어떻게 지내세요?)
−Je vais bien. Merci. Et vous? (잘 지냅니다. 고마워요. 당신은요?)

■ 잘 모르는 사이, 사회적으로 서열이 있는 2인칭 단수는 **Vous**

Salut ! Vous allez bien? (안녕! 너희들 잘 지내니?)

■ 2인칭 복수는 **Vous**

(1) 친한 사이

- Bonjour Roland? Comment vas- tu? (안녕, 롤랑? 어떻게 지내?)

  – Bien, Merci. Et toi? (잘 지내. 너는?)

- Salut! (Comment) Ça va? (안녕! 어떻게 지내?)

  – Ça va, merci. (잘 지내. 고마와.)

(2) 처음 보는 사람이나 격식을 차려야하는 사이

- Bonjour, madame / mademoiselle / monsieur : (안녕하세요? 부인, 아가씨, 선생님 (아침~오후 인사))

- Bonsoir, monsieur : (안녕하세요? 선생님 (저녁인사))

- Comment allez-vous? (어떻게 지내세요?)

  – Je vais bien, merci. Et vous? (잘 지내요, 고맙습니다. 당신은요?)

  – Très bien. Merci. (아주 잘 지내요. 감사합니다.)

- Au revoir / Salut / Ciao! (안녕히 가세요.)

- À bientôt. (곧 만나요.)

- À tout à l'heure! (조금 후에 만나요).

- Bonne journée! ((아침에 헤어질 때) 좋은 하루 보내요.)

- Bon après-midi! ((오후에 헤어질 때) 좋은 오후 보내세요.)

- Bonne soirée! ((저녁에 헤어질 때) 좋은 저녁나절 보내세요.)

- Bonne nuit! ((밤 늦은 시간에 헤어질 때) 잘 자요.)

- À demain / à lundi / à samedi / à la semaine prochaine

  (내일 보자. / 월요일에 / 토요일에 / 다음 주에 보자.)

- À la prochaine! (다음에 봐요!)

Bon voyage!
(좋은 여행하세요.)

Joyeux Noël!
(메리 크리스마스!)

À tes(vos) souhaits!
(재채기 하는 사람에게 하는 인사)

Bon travail!
(열심히 일(공부) 하세요.)

Bon appétit!
(맛있게 드세요.)

Tchin thcin! (건배!)
À votre santé! (건강을 위하여!)

- Bon retour! (잘 돌아가세요!)

- Bon courage! (힘 내요! (일이나 공부하는 사람에게 용기를 붇돋워 줄때))

- Bravo! / Chapeau! (부라보!)

- Tous mes voeux de bonheur pour la nouvelle année!

  (새해를 맞이하여 행복하시길 바랍니다!)

- Bonne année! (새해 복 많이 받으세요!)

- Toutes mes félicitations! (축하해요!)

- Bon anniversaire! (생일 축하해요!)

- Bonne chance! ((시험이나 어떤 일에) 행운이 함께하길!)

- Bon rétablissement! (건강 회복하세요!)

- Je vous souhaite un prompt rétablissement! (빠른 쾌유를 바랍니다!)

- Je suis désolé de vous déranger. (폐를 끼쳐 미안합니다.)

- Pardon! Excusez-moi. (죄송합니다! 실례합니다.)

- Poisson d'avril! (만우절 잘 보내요!)

· Bise = Bisou(볼에 하는 키스) : 가족간이나 여자들끼리 흔히 하는 인사로, 횟수는 각 지역에 따라 두 번, 세 번, 네 번까지도 한다.

· Se serrer la main(악수하다) : 공식적인 관계로 만나는 경우나 남자들끼리는 일반적으로 악수를 한다.

Exercices

Ⅰ. 알맞은 인사로 답해 보세요.

(1) Demain, je passe mon examen. – Alors, ___________________

(2) Oh, merci. – _____________________________________

(3) Excusez-moi. – ___________________________________

(4) Joyeux anniversaire! – ____________________________

(5) Atchoum! – _______________________________________

(6) Je pars en vacances pour Paris. – __________________

02 소 개 (La présentation)

Je vous présente Mlle Sara. (사라양을 소개합니다.)
Elle est américaine. (미국인이예요.)

Corinne! C'est Paul. (꼬린느! 여기는 뽈이야.)
Paul! Voilà Corinne. (뽈! 여긴 꼬린느야.)

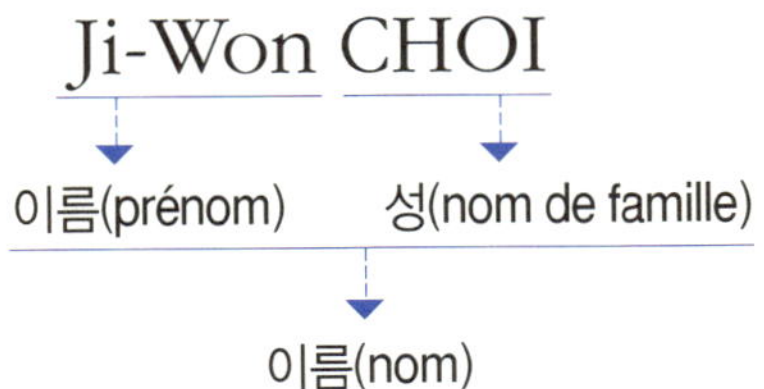

Bonjour! Messieurs, dames. Je me présente.

(안녕하세요. 신사 숙녀 여러분. 제 소개를 하겠습니다.)

Je m'appelle Ji-Won CHOI. (제 이름은 최지원입니다.)

Je suis coréenne. (저는 한국 사람입니다.)

Ji-Won CHOI

이름(prénom)　　성(nom de famille)

이름(nom)

- Je vous présente Carla Bruni. (카를라 브루니를 소개합니다.)
  - Bonjour, madame, enchanté. (안녕하세요 부인, 처음 뵙겠습니다.)

enchanté(e)는 처음 만났을 때 하는 인사 표현

- Voilà ma soeur, Eveline. (제 누이, 에블린이예요.)
- C'est mon mari, Anic. (제 남편, 아닉입니다.)
- Tu connais ma cousine, Elsa? (내 사촌동생 엘자를 알아?)
  - Non. Enchanté, Elsa. (아니. 반가와요, 엘자.)
  - Je suis contente de te connaître / voir. (알게 되서 / 보게 되서 기뻐요.)
- Fani, Franck. (파니야. 여긴 프랑크야.)

- Je me présente. (제 소개를 하겠습니다.)
- Je m'appelle / Je suis Charlotte. (제 이름은 샤를롯트입니다.)
- Je suis française et je suis professeur. (저는 프랑스인이고, 선생님입니다.)

Exercices

Ⅰ. 소개하는 대화의 빈칸을 채워보세요.

A : Tu connais ce garçon blond? (너 저 금발 남자애 알아?)

B : Hm. ________est Nicolas. (음. 니꼴라야.)

Je te le présente. Il est très sympa.

(그애를 네게 소개해 줄게. 쟤 아주 괜찮아.)

B : Nicolas. ________ mon amie Hélène. (니꼴라. 여기는 내 친구 엘렌이야.)

A : ________________ (반가와요)

C : Moi aussi. Enchanté. (저도 반가와요.)

03 이름과 주소 묻고 답하기 (Le nom et l'adresse)

Comment vous vous appelez? (이름이 뭐예요?)

Je m'appelle Roussier. Roussier Dupont.

(제 이름은 루씨에입니다. 루씨에 뒤퐁이지요.)

Vous épelez, s.v.p.? (이름 철자 좀 말해 주시겠어요?)

Roussier, R-O-U-deux S-I-E-R (루씨에, R, O, U, 2S, I, E, R)

Quelle est votre adresse? (주소는요?)

어떻게 comment	이름이 ~이다 s'appeler
철자를 하나씩 말하다 épeler	주소 une adresse
어떤 quel(s) / quelle(s)	이름, 성 un nom
이름 un prénom	당신의 votre

−Tu t'appelles comment? (너 이름이 뭐야?)

−Charlotte. Et toi? (샤를롯트야. 넌?)

−Moi, David. (난 다비드야.)

−Tu habite où? (넌 어디에 사니?)

−Près de la Jean Boulangerie. (쟝 빵집 근처야.)

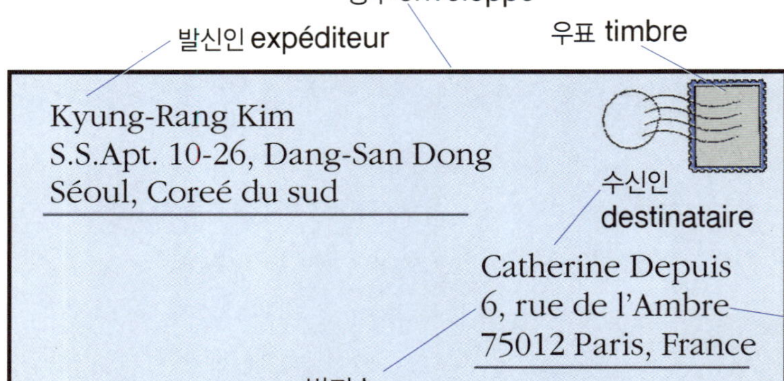

■ 프랑스 주소는 번지수, 거리이름, 도시, 국가 순서이다.

Je의 강세형 인칭대명사 **moi**	Tu의 강세형 인칭대명사 **toi**
살다 habiter	가까이에 près de
어디 où	(≒멀리에 loin de)

- Vous vous appelez comment? / Comment vous vous appelez?

  (이름이 뭐예요?)

  Tu t'appelle comment? / Comment t'appelles-tu? / Quel est ton nom?

  (이름이 뭐니?)

  – Je m'appelle / Je suis Ho-Dong.

    (제 이름은 호동입니다.)

  – Vous pouvez épeler votre nom, s.v.p.?

    (이름의 철자 좀 말해 주시겠어요?)

  – Ho, H-O, Dong, D-O-N-G.

    (호, H-O, 동 D-O-N-G입니다.)

- Je m'appelle Angella. Et vous?

  (제 이름은 안젤라예요. 당신은요?)

  – Moi, Céderic. Cederic Dubois.

    (저는 쎄드릭이라 해요. 쎄드릭 뒤브와입니다.)

- Quel est votre prénom?

  (이름이 뭐지요?)

- Et nom de famille?

  (성은요?)

거주지묻고 답하기

- Vous habitez où? / Où habitez-vous? (어디 사세요?)

  / Tu habites où? / Où est-ce que tu habites? (어디 사니?)

  – J'habite à Paris / à Shin-Chon. (파리에 / 신촌에 살아요.)

도시 앞에는 무관사

- Vous habitez loin d'ici?

  (여기서 먼 곳에 사시나요?)

  – Non, j'habite près d'ici. 10 minutes à pied.

    (아니요, 근처에 살아요. 걸어서 10분 거리입니다.)

- J'habite à Toulouse. Et vous?

  (전 툴루즈에 살아요. 당신은요?)

　–Moi, j'habite à Séoul en Corée. Je suis à Paris en vacances.

　　(전 한국의 서울에 살아요. 지금은 휴가로 파리에 있지요.)

• Quelle est votre adresse? (주소가 어떻게 되시죠?)

　–36, rue Jules Cumaire. (쥘 퀴메르가 36번지요.)

Exercices

Ⅰ. 대화를 완성해 보세요.

(1) Tiens, C'est Paul? Ça fait un an que l'on ne s'est pas vu.

Tu _____________ où maintenant?

　–J'habite à New York.

(2) Bonjour, je _____________ Anna. J'_____________ à Lyon.

(3) Vous pouvez _____________ votre nom?

　–Ji-Won, J-I-W-O-N.

(4) Tu t'appelle _____________?

　–Marie, Marie Duchamp.

이름과 성

프랑스 사람들은 이름을 '이름(**prénom**) + 성(**nom**)'의 순서로 말한다. 그리고 일반적으로 성은 모두 대문자 알파벳으로 쓴다. 프랑스 사람들의 성에는 형용사, 직업명사 혹은 장소 명사 등 재미난 성들이 많이 있다:

BLANC (blanc 하얀색), **NOIR** (noir 검은색), **GRAND** (grand 큰), **PETIT**(petit 작은)
BOULANGER(boulanger 빵집주인), **CORDONNIER**(cordonnier 구두 수선공)
DUPONT(pont 다리), **DUCHAMP** (champ 들판), **DUMONT**(mont 산) …

프랑스에서 가장 인기있는 이름은 어떤 것일까? 매년 결과는 바뀌지만 **Notrefamille.com**에서 2005년도에 태어난 프랑스 아기중 7000명을 대상으로 한 조사결과는 다음과 같다.

	1	2	3	4	5		1	2	3	4	5
여자아이 (fille)	Emma 엠마	Clara 끌라하	Manon 마농	Agnès 아녜스	Léa 레아	남자아이 (garçon)	Enzo 엔조	Hugo 위고	Lucas 뤼꺄	Théo 떼오	Mathéo 마떼오

BERNARD, THOMA, MARIE …는 이름과 성이 모두 있다. 경우에 따라 "**Bernard BERNARD**"라는 같은 이름과 성을 가진 사람도 있을 수 있다.

04 국가/국적/언어(Le pays/La nationalité/La langue)

- Je les connais par la correspondance. (저는 펜팔로 그들을 알게 되었지요.)
- Bongo, il est tunisien. (봉고는 튀니지 사람입니다.)
- Mais il habite en Angleterre avec ses parents. (그런데 부모님과 영국에 살고 있어요.)
- Il parle anglais et français. (그는 영어와 불어를 합니다.)

■ parler＋무관사＋언어

- Louis, il est français. (루이는 프랑스 사람이예요.)
- Il habite à Nice. (니스에 살고 있지요.)
- Il parle français. (그는 불어를 해요.)
- Gon-Li, elle est chinoise. (공리는 중국 사람이예요.)
- Elle habite à Pékin en Chine. (그녀는 중국 북경에 살아요.)
- Elle parle chinois et coréen. (그녀는 중국어와 한국어를 해요.)

펜팔 la correspondance	말하다 parler	영어 l'anglais	살다 habiter
불어 le français	부모 les parents	한국어 le coréen	알다 connaître

국가 (Le pays)	국적 (La nationalité)	언어(La langue)
한국 La Corée	coréen / coréenne	le coréen
프랑스 La France	français / française	le français
일본 Le Japon	japonais / japonaise	le japonais
중국 La Chine	chinois / chinoise	le chinois
미국 Les États-Unis	américain / américaine	l'anglais
영국 L'Angleterre	anglais / anglaise	l'anglais
이태리 L'Italie	italien / italienne	l'italien
독일 L'Allemagne	allemand / allemande	l'allemand
스페인 L'Espagne	espagnol / espagnole	l'espagnol
이란 L'Iran	iranien / iranienne	le perse
이라크 L'Irak	irakien / irakienne	l'arabe, l'irakien
모로코 Le Maroc	marocain / marocaine	l'arabe
이집트 L'Egypte	égyptien / égyptienne	l'arabe
필란드 La Finlande	finlandais / finlandaise	le finlandais
러시아 La Russie	russe / russe	le russe
벨기에 La Belgique	belge / belge	le français, l'allemand, le néerlandais
스위스 La Suisse	suisse / suisse	l'italien, le romanche le français, l'allemand
노르웨이 La Norvège	norvégien / norvégienne	le norvégien
멕시코 Le Mexique	mexicain / mexicaine	l'espagnol
네덜란드 Les Pays-Bas	néerlandais / néerlandaise	le néerlandais
포르투갈 Le Portugal	portugais / portugaise	le portugais
덴마크 Le Danemark	danois / danoise	le danois
그리스 La Grèce	grec / grecque	le grec
브라질 Le Brésil	brésilien / brésilienne	le portugais
오스트리아 L'Autriche	autrichien / autrichienne	l'allemand
오스트레일리아 L'Australie	australien / australienne	l'anglais
캐나다 Le Canada	canadien / canadienne	l'anglais, le français

* 언어는 남성명사

 **~에 살다, ~에 있다, ~에 간다**

	여성국가	남성국가	모음으로 시작되는 남성국가	복수국가
J'habite	en Corée	au Japon	en Iran	aux Etats-Unis
Je suis	en France	au Canada	en Irak	aux Philippines
Je vais	en Chine	au Maroc	en Israël	aux Pays-Bas

 **대륙 (Contient)**

L'Amérique du Nord (북아메리카) / L'Amérique du Sud (남아메리카)

L'Océanie (오세아니아) / L'Asie (아시아) / L'Europe (유럽) / l'Afrique (아프리카)

L'Occident (서양) / L'Orient (동양)

L'Extrême-Orient (극동) / Le Moyen-Orient (중동)

 **출신지 묻기**

- Quelle est votre nationalité? / Vous êtes de quelle nationalité?

  (국적이 어디신가요?)

- Vous êtes d'où? / Vous êtes de quel pays? / Vous êtes de quelle région? / Quel est votre pays d'origine? (어디 출신입니까?)

 **출신지 말하기**

	여성국가	남성국가	모음으로 시작되는 남성국가	복수국가
Je suis	de Corée	du Japon	d'Iran	des États-Unis
Je viens	de France	du Canada	d'Irak	des Philippines

- Je suis coréen. / J'ai la nationalité coréenne. (저는 한국인입니다.)
  Je viens(suis) de Corée. (저는 한국에서 왔습니다.)

- Je suis français d'origine coréenne. (한국계 프랑스인입니다.)

Dialogue (Jean présente Ji-Won à Suzane.)

Jean à Suzanne : Suzanne! Voilà Ji-Won. Elle est coréenne.
(쉬잔! 자, 여긴 지원이예요, 한국인이지요.)

Suzanne : Bonjour, Ji-Won. Enchantée. Moi, je suis anglaise.
(안녕 지원. 반가와요. 나는 영국인이에요.)

Ji-Won : Enchantée, Suzanne. Je ne parle pas bien français. ni anglais.
(반가와요, 쉬잔. 나는 불어도 영어도 잘 못해요.)

Suzanne : Oh ça va. Moi je ne parle pas du tout coréen.
(오, 괜찮아요. 나는 한국어를 전혀 못하는 걸요.)

Ji-Won : Si vous voulez, je vous apprends le coréen.
(원하시면, 내가 한국어를 가르쳐 드리죠.)

ne ~ ni ~ ni ~도 아니고 ~도 아니다.

–Vous êtes japonaise? (일본 사람이예요?)

–Non. Je suis américaine d'origine coréenne. Et vous?

　(아니요. 전 한국계 미국인이예요. 당신은요?)

–Moi, je suis français. (전 프랑스 사람입니다.)

–Vous parlez bien français! (불어를 잘하시는군요!)

–Je suis professeur de français. (저는 불어 선생님이예요.)

–Ah bon! (아! 그렇군요.)

I. Paris에 사는 한국인 Mi-na가 체류증을 만들기 위해 시청에서 대화하는
   상황입니다. 대화를 완성시켜 봅시다.

l'employée : (1) ____

Mi-na : Je m'appelle Mi-na KIM.

l'employée : Quelle est votre nationalité?

Mi-na : (2) ____

l'employée : (3) _______________________________________?

Mi-na : Je suis étudiante.

l'employée : (4) ____

Mi-na : J'habite 21 rue Calmare dans le 8ème

II. 알맞지 않은 것을 하나 골라 보세요.
   (1) En Amérique du nord, il y a ___________________________
       les États-unis / le Canada / la Jourdanie
   (2) En Afrique du nord, il y a ___________________________
       la Tunisie / l'Alégrie / la Suède
   (3) En Océanie il y a ___________________________________
       L'Australie / la Nouvelle-Zélande / l'Iran
   (4) En Europe central, il y a ___________________________
       l'Allemagne / l'Autriche / la Finlande

05 직업 (La profession)

피부과의사 dermatologiste   수의사 vétérinaire

가이드 guide
간부, 지도층 cadre
감독관, 개찰원 contrôleur(se)
건축가 architecte
검사 procureur
경비 concierge /gardien(ne)
교사(총칭) enseignant(e)
교수, 선생님 professeur
교사 maître(tresse)
고용주 employeur(se)
공무원 fonctionnaire
노동자 ouvrier(ère)
농부 agriculteur(se) / cultivateur(se)
대학생 étudiant(e)
의장, 대통령 président
도로 청소부 éboueur
도서관 사서 bibliothécaire
디자이너 dessinateur(trice) / couturier
만화가 dessinateur de bande dessinée
모델 mannequin
목사 pasteur
바이올리니스트 violoniste
번역가 traducteur(trice)
배우 acteur(actrice)
변호사 avocat(e)
부동산 중계업자 agent immobilier
빵집 주인 boulanger(ère)
비서 secrétaire
사장 directeur(directrice) / président(e)
사진사 photographe
상인 commerçant(e) / vendeur(euse)
서적상인 libraire
소방관 pompier
스튜어트/스튜어디스 steward / stewardess
(희극)배우 comédien / comédienne

스튜어디스 hôtesse de l'air
신부 prêtre
심판 arbitre
예술가 artiste
우체부 facteur
은행원 banquier(ère)
음악가 musicien(ne)
원예가 horticulteur(trice)
엔지니어 ingénieur
웨이터 garçon / serveur(se)
조향사 parfumeur(se)
육아 전문인/유치원보모 puériculteur(trice)
자동차 정비공 garagiste
작가 écrivain
장관 ministre
전화 교환수 standardiste
점원 vendeur(se)
정보처리기사 informaticien(ne)
정원사 jardinier(ère)
조각가 sculpteur
주인(가게, 식당...) patron(ne)
직원 employé(e)(피고용인을 총칭)
창구 직원(우체국, 전철...) guichetier(ère)
파일럿 pilote
파출부 femme de ménage
포도주 감별사 sommelier(ère)
피부 관리사 esthéticien(ne)
식육점 주인 boucher(ère)
피아니스트 pianiste
초등학교 교사 instituteur(institutrice)
초등학생 écolier(ère)
중학생 collégien(ne)
고등학생 lycéen(ne)
학생 élève(학생 총칭)
헌병 gendarme
화가 peintre

- Qu'est-ce que vous faites (dans la vie)? / Quelle est votre profession? / Quel est votre métier? (직업이 무엇인가요?)

  – Je suis professeur. (교사입니다)

  – Je travaille chez Renault. (르노에서 일합니다.)

Exercices

Ⅰ. 맞는 단어를 골라보세요.

(1) Un médecin consulte <u>dans un hôpital / dans un magasin</u>.

(2) Une hôtesse de l'air sert <u>dans un avion / dans un café</u>.

(3) Un banquier travaille <u>dans une banque / dans un garage</u>.

Ⅱ. 다음 인물들의 직업은 무엇일까요?

(1) Il dirige la société. C'est le d________________

(2) Il travaille dans un cabinet dentaire. C'est le d______________

(3) Il répare la voiture. C'est le g________________

(4) Il sert dans un café. C'est le s______________(g________)

Ⅲ. 적절한 직업 명사를 말해보세요.

- Quelle sera votre profession?

(1) J'adore les enfants. Je suis dans une école de puériculture. Alors je serai __________. Je garderai et soignerai les enfants.

(2) Moi, j'aime la peinture. Je serai ____________. Je peindrai la nature.

(3) Je suis __________ à la bibliothèque universitaire. J'aimerais être __________ comme Albert Camus.

06 신체(Le corps)와 건강(La santé)

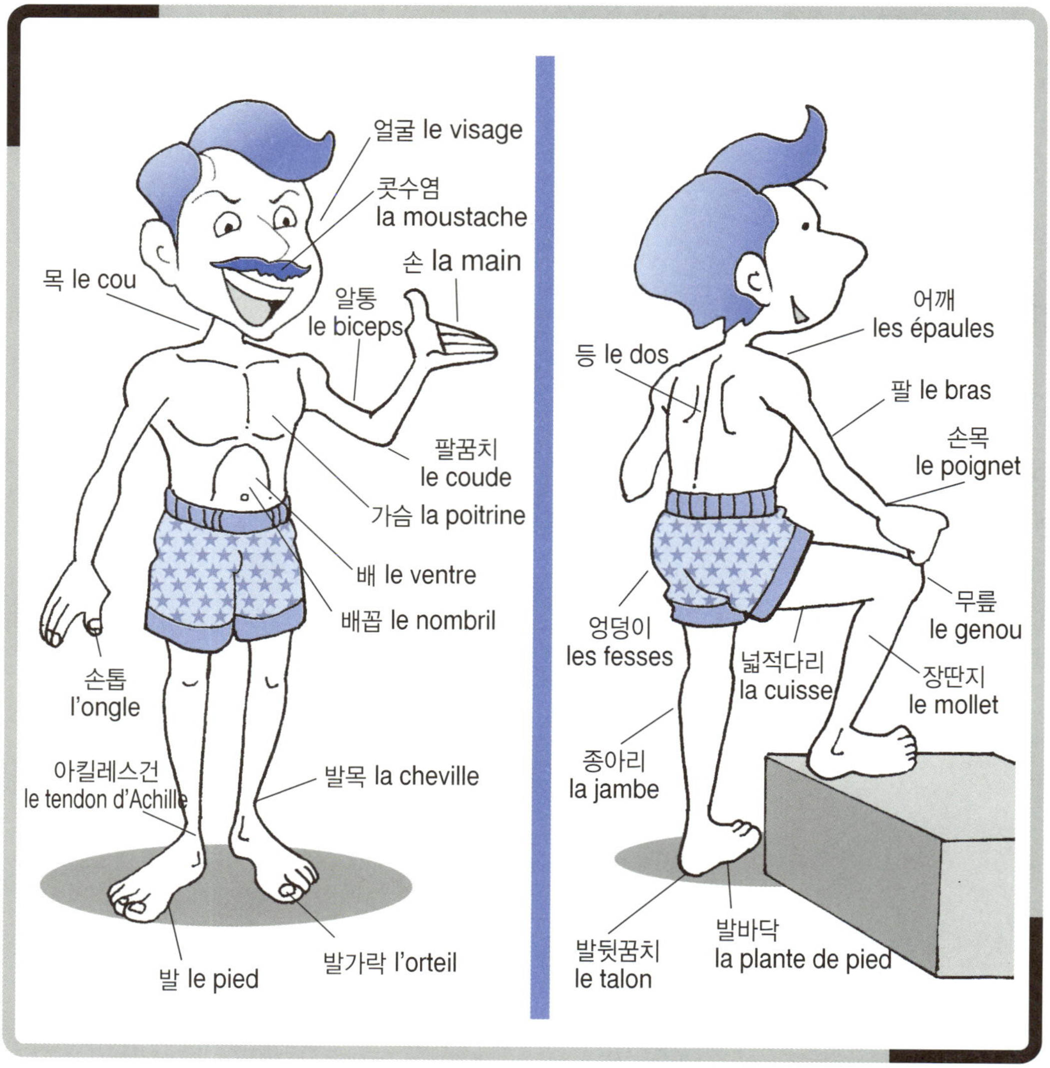

신체 묘사

살찐 corpulent	날씬한 mince	포동포동한 rond
호리호리한 fin	뚱뚱한 gros	마른 maigre
비만한 obèse	해골처럼 마른 squelettique	건장한 costaud

동맥 l'artère	목구멍 la gorge	방광 la vessie
뼈 l'os	맹장 l'appendice	간 le foie
피 le sang	근육 le muscle	기관지 les bronches
신경 le nerf	힘줄 le tendon	뇌 le cerveau
정맥 la veine	피부 la peau	위 l'estomac
심장 le coeur	장 l'intestin	척추 la colonne vertébrale

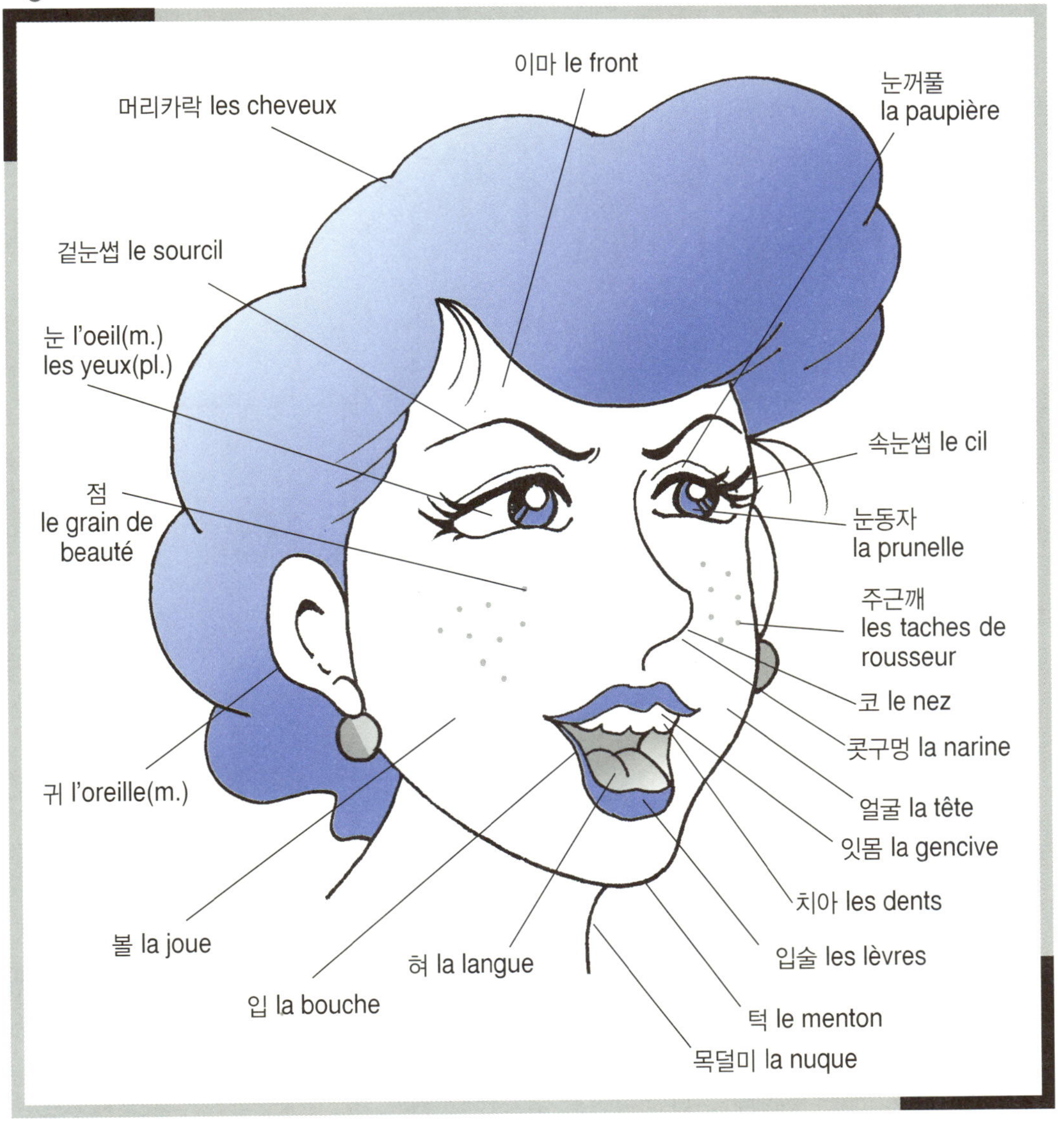

곧은 코 un nez droit	들창코 un nez retroussé
두터운 입 une bouche charne	얇은 입 une bouche fine
움푹한 눈 des yeux enfoncés	가늘게 찢어진 눈 des yeux bridés
벗어진 이마 un front fuyant	주걱턱 un menton en galoche

머리 색깔 표현

흰색의 blanc	금발의 blond	밤색의 châtain
갈색의 brun	빳빳한 raide	숱이 많고 곱슬곱슬한 crêpu
컬이 있는 bouclé	회색의 gris	곱슬의 frisé
짧은 court	긴 long	중간정도 길이의 mi-long
짙은 foncé	밝은 clair	다갈색의 roux

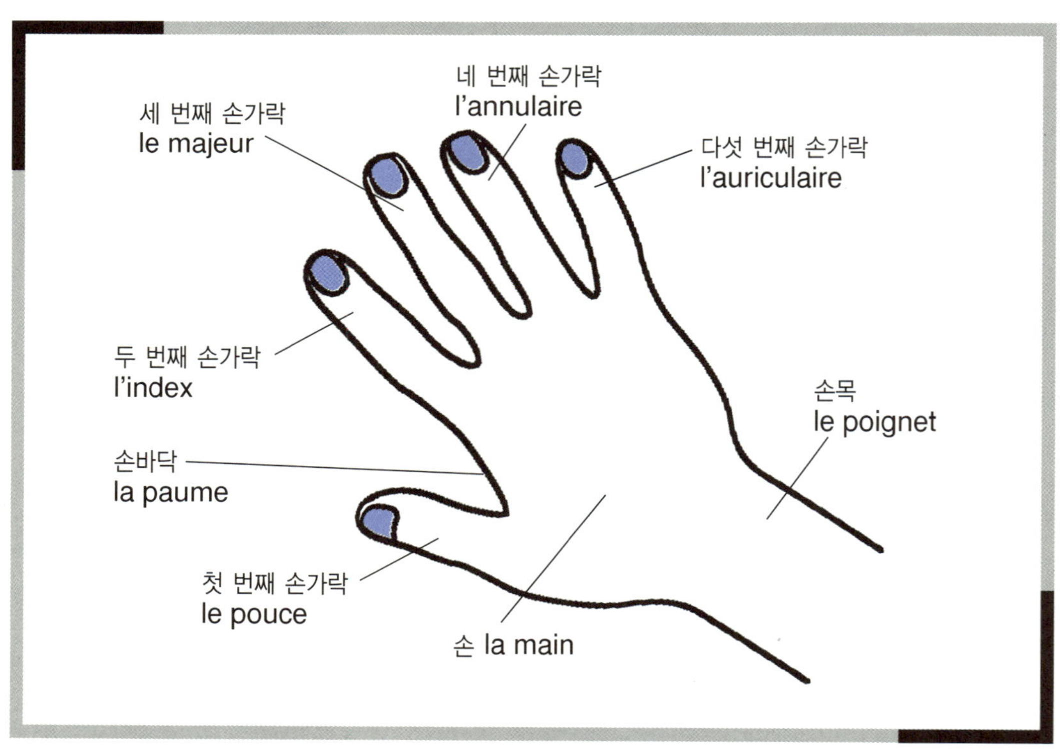

간호 le soin	변/피검사 l'analyse de selles/du sang
구급 l'aide soignante	소변검사 l'analyse d'urines
구급차 l'ambulance	마취 l'anesthésie
인공호흡 la réanimation	혈압 la tension
X선 사진 la radiogramme	혈액형 le groupe sanguin

- Qu'est-ce que vous avez? = Qu'est-ce qu'il y a? (무슨 일이예요?)

  Où avez-vous mal? (어디가 아프세요?)

> **avoir mal + à + 정관사 + 신체의 일부 = ~가 아프다**

  −J'ai mal au coeur / aux reins / à la tête / au dos / à l'épaule gauche.

  (소화가 안되요 /　　허리 /　　머리 /　등 /　왼쪽 어깨가 아파요.)

  −Je me suis coupé le doigt. (손가락을 베었어요.)

  −Je perds du sang. (피가 나요.)

- Il a un chat dans la gorge. (그는 목소리가 쉬어 있다.) = Il est enroué.
- Je donne ma langue au chat. (포기한다.) = J'abandonne.
- Elle mène son mari par le bout du nez.

  (그녀는 남편을 자기 마음대로 부린다.)

  = Elle lui fait faire ce qu'elle veut.
- C'est pas le pied. (시시하다.)
- Il a un bras long. (그는 아는 사람이 많다.) = 발이 넓다.
- Mon mari a le sang chaud.

  (내 남편은 화를 잘 낸다.)

- la vue (시력) / l'ouïe (청력) / l'odorat (후각) / le toucher (촉각) / le goût (미각)
- Anne a une bonne vue. (안느는 시력이 좋아요.)
- Serge est aveugle. Il ne voit rien. (쎄르쥬는 시각 장애자예요. 아무 것도 안 보여요.)
- Moi, j'ai une mauvaise vue. Je porte des lunettes ou des lentilles de contact.
  (저는 눈이 나빠요. 안경을 끼거나 렌즈를 끼지요.)
- Jean a une très bonne oreille. (쟝은 귀가 밝아요.)
- Paul entend très mal. Il est sourd. (뽈은 귀가 아주 안들려요. 그는 청각 장애자예요.)

단 sucré	짠 salé	신 acide
쓴 amer	양념을 한 epicé	맛없는, 무미한 fade

감기 le rhume	당뇨 la diabète	관절염 le rhumatisme	습진 l'eczéma
수술 l'opération	암 le cancer	편두통 la migraine	마비 la raideur
홍역 la rougeole	충치 la carie	기관지염 la bronchite	중독 l'intoxication
파상풍 le tétanos	상처 la plaie	부상 la blessure	화상 la brûlure
알러지 l'allergie	건망증 l'amnésie	변비 la constipation	설사 la diarrhée
심장병 l'affection cardiaque		에이즈 le sida	치석 le tartre

대일밴드 un pansement	반창고 un sparadrap	붕대 un bandage
시럽 un sirop	알약 un comprimé	좌약 un suppositoire
주사 une piqûre	캡슐 une gélule	빨아먹는 약 des pastilles
항생제 une antibiotique	크림 une pommade	예방 접종 une vaccination
소독약 un désinfectant	마취 l'anesthésie	생리대 la serviette hygiénique
영양제 un fortifiant	비타민 une vitamine	콘돔 un préservatif
정제 un cachet	피임약 un contraceptique/la pillule	수면제 le somnifère

Elle lève les bras.

Elle écarte les jambes.

Elle se penche en avant

Elle monte le genou droit à la poitrine.

Elle tend les bras.

Elle monte sur la pointe des pieds

Elle tourne la tête à droite.

Elle baisse la tête.

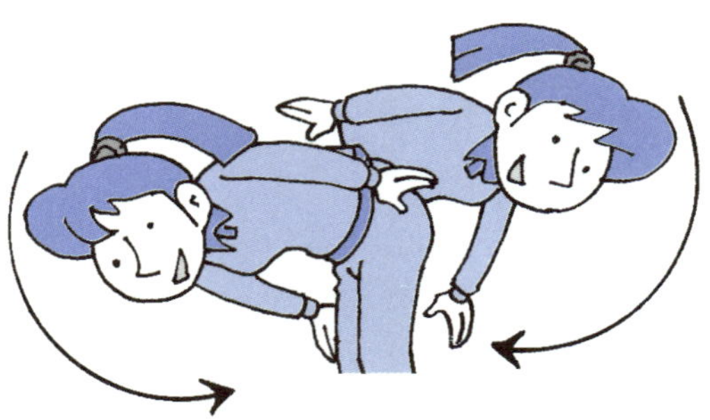

Inclinez le buste à droite puis à gauche

Elle se couche.

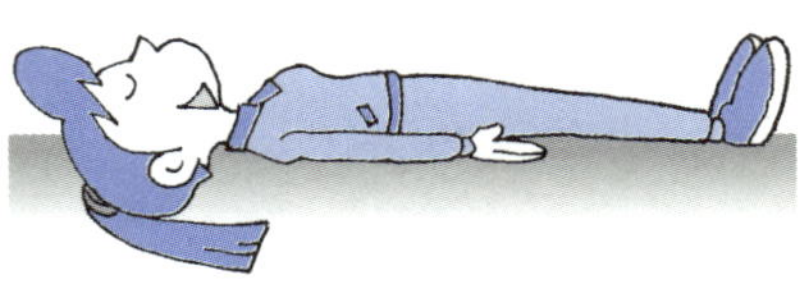

Elle est couchée.

Elle se lève.	Elle est debout.
Elle s'asseoit.	Elle est assise

■ 대명동사는 동작을, **être**동사 + 형용사는 상태를 나타냅니다.

가루약 la poudre	가제 la gaze	방부제 l'antiseptique
각성제 l'excitant	진정제 le tranquillisant	진통제 l'analgésique
수면제 le somnifère	완화제/변비약 le laxatif	체온계 le thermomètre
수렴제 l'astringent	소독제 le désinfectant	탈지면 le coton hydrophile

Ⅰ. 다음 대화를 완성해 보세요.

(1) À l'hôpital

A : 1)__________________, mademoiselle? (어디가 아프세요?)

B : J'ai mal à la 2) g__________ et à la 3) t__________

（목과 머리가 아파요.)

A : Tirez la 4) l__________, s.v.p. (혀 좀 내밀어 보세요.)

Vous avez de la 5) f__________ (열이 있군요.)

B : Je 6)t__________ aussi. (기침도 해요.)

Mais je suis 7)e__________ (그런데 전 임신 중입니다.)

(2) À la pharmacie

A : Bonjour madame. Je suis 1)__________. (안녕하세요? 제가 감기
에 걸렸어요.)

B : Vous n'avez pas 2)__________? (처방전이 없으세요?)

A : Non, mais j'ai mal à la tête et à la gorge. J'ai de la fièvre.

（없어요. 그런데 머리와 목이 아파요 열도 있고요.)

B : Bon. Alors prenez ce 3) c__________ 3 fois par jour.

(자, 그러면 이 알약을 하루에 3번 드세요.)

Des 4) p__________ contre le mal de gorge.

(목이 아플때 먹는 빨아 먹는 약도요.)

Et un 5) s________ contre la fièvre. (그리고 열에는 시럽을 드세요.)

A : O.K. Et je voudrais aussi la 6) ___C, s.v.p. (네. 비타민 C도 주세요.)

Ⅱ. 해당 신체부위를 말해 보세요.

(1) J'ai trop mangé hier. Alors j'ai mal au __________________

(2) J'ai trop regardé la télé. J'ai mal aux __________________

(3) J'ai beaucoup marché. J'ai mal aux __________________

(4) J'ai trop travaillé. J'ai mal à la __________________

(5) J'ai chanté et crié très fort. J'ai mal à la __________________

날씨 (Le temps)

Au printemps, il fait doux.
(봄에는 따뜻하다.)
Les arbres commencent à fleurir.
(나무에는 꽃이 피기 시작한다.)

En été, il fait chaud.
(여름에는 덥다.)
On va à la plage.
(사람들이 해변가로 간다.)

En automne, il fait frais.
(가을에는 서늘하다.)
Les feuilles tombent.
(낙엽이 떨어진다.)

En hiver, il fait froid.
(겨울에는 춥다.)
On se gèle.
(몸이 언다.)

봄 le printemps	여름 l'été	가을 l'automne
겨울 l'hiver	따뜻한 doux	더운 chaud
시원한 frais	추운 froid	낙엽 la feuille morte
꽃이 피다 fleurir	얼다 se geler	떨어지다 tomber

Il neige. (눈이 온다.)
On fait un bonhomme de neige et on fait une bataille de boules de neige.
(사람들이 눈사람을 만들고 눈싸움을 한다.)

Il pleut. (비가 온다.)
Il fait humide (날씨가 습하다.)

Il vente. (바람이 분다.)
On lance un cert-volant.
(사람들이 연을 날린다.)

Il fait beau. (날씨가 좋다.)
On se promène.
(사람들은 산책을 한다.)

Il y a du soleil.
(햇볕이 난다.)
On bronze.
(사람들이 썬탠을 한다.)

Il y a des nuages.
(구름이 끼었다.)
Il va pleuvoir.
(비가 오겠다.)

Il y a du verglas.
(빙판이다.)
Les voitures glissent.
(자동차들이 미끄러진다.)

눈이 오다 neiger	비오다 pleuvoir
바람불다 venter	눈사람 un bonhomme de neige
눈싸움 une bataille de boules de neige	연 un cert-volant
눈 la neige	비 la pluie
구름 la nuage	빙판 un verglas
썬탠하다 se bronzer/bronzer	(온도, 각도)도 le degré
미끄러지다 se glisser	산책하다 se promener
영하 moins	우박이 오다 grêler
얼리다 / 얼다 geler	결빙 le gel
성애 le givre	이슬비 la bruine
무지개 l'arc-en-ciel	바람 le vent
온도 la température	햇볕 le soleil

 **온도 묻고 답하기**

- Il fait combien (=Quelle est la température)? (몇 도인가요?)
  − Il fait 12 degrés. / moins 5 degrés. (12도요. / 영하 5도요.)

 **날씨 묻고 답하기**

- Quel temps fait- il? (날씨가 어떤가요?)

■ **Il fait + 형용사**

Il fait beau / mauvais / gris / doux / chaud / frais / froid
(날씨가 좋아요 / 나빠요 / 우중충해요 / 포근해요 / 더워요 / 선선해요 / 추워요.)

■ **Il fait / Il y a + 부분관사 + 명사**

  − Il fait du vent / de la pluie / de la neige. (바람이 분다 / 비가 온다 / 눈이 온다.)
  − Il y a du vent / du soleil / des nuages. (바람이 분다 / 햇볕이 난다 / 구름이 끼었다.)

–Il y a du brouillard / de la brume. (안개가 끼었다.)

–Il y a du givre sur les vitres de la voiture. (차 유리에 성애가 끼었다.)

–Attention! Il y a du verglas. (조심해! 빙판이다.)

–Il y a des averses. / un arc-en-ciel. (소나기가 온다 / 무지개가 떴다.)

■ Il + 날씨 동사

–Il neige / vente / grêle / pleut / gèle

(눈이 와요 / 바람불어요 / 우박이 와요 / 비가 와요 / 꽁꽁 얼었다.)

• On entend la tonnerre. On voit un éclair. (천둥소리가 들린다. 번개가 친다.)

• Les arbres sont parfois touchés par la foudre. (나무들은 종종 벼락을 맞는다.)

• Le ciel est gris (couvert) / noir. (하늘이 흐려요 / 어두워요.)

• Le vent souffle très fort. Il souffle à 100 km à l'heure.

(바람이 아주 강하게 분다. 시속 100 km로 분다.)

• L'orage a éclaté. (뇌우가 쳤다.)

■ 기 후

• un climat sec / humide / tempéré / tropical / continental / équatorial

(건조기후 / 습한 기후 / 열대 기후 / 온대성 기후 / 대륙 기후 / 적도 기후)

천둥 la tonnerre	번개 l'éclair	벼락 la foudre
기후 le climat	뇌우/폭풍우 l'orage	소낙비 l'averse

Exercices

I. 날씨에 관한 다음 대화 중 __________________을 채워 넣어보세요.

(1) __________________ fait-il demain? - Selon la météo, il fera beau.

(2) En Corée il fait ____________ en hiver. Il neige de temps en temps.

(3) Il fait chaud aujourd'hui. Il ____________ combien?

의복(Le vêtement)

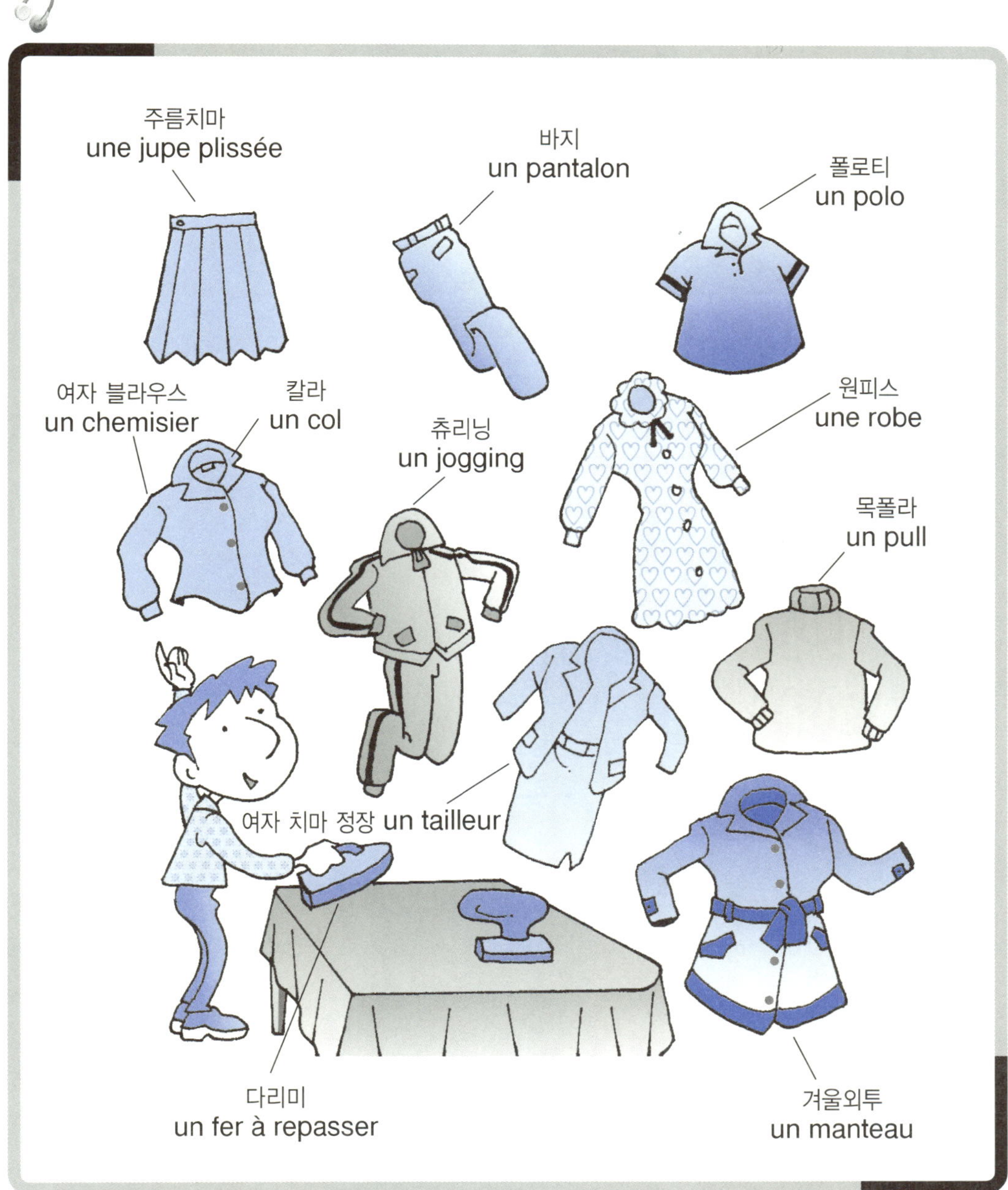

짧은 소매의 à manches courtes	긴 소매의 à manches longues
소매 없는 sans manches	티셔츠 un tee-shirt / un T-shirt
청바지 un jean	치마 une jupe

상의 une veste	가디건 un gilet
옷걸이 un portemanteau	스키복 une combinaison de ski
츄리닝 un survêtement	멜빵 바지 une salopette

■ **L'habit ne fait pas la moine.** 겉모습만 보고 판단하면 안된다.

- Tu t'habilles comment pour la soirée?

  (저녁만찬에 옷을 어떻게 입을 거니?)

  - Je vais mettre une robe noire.

  (난 검은색 원피스를 입을래.)

- habiller+사람 : ~에게 옷을 입히다. / s'habiller 옷을 입다.

    se déshabiller = enlever / retirer ses vêtements. (옷을 벗다.)

  - Je me change = Je change de vêtements.

  (나는 옷을 갈아 입는다.)

- Julie est toujours bien(⇏ mal) habillée.

  (쥘리는 항상 옷을 잘(잘 못) 입는다.)

  - Paul est à la mode(⇏ démodé).

  (뽈은 유행을 따른다(유행에 뒤졌다).)

  - C'est trop grand / serré / court / large / long.

  (옷이 너무 커요 / 끼어요 / 짧아요 / 넓어요 / 길어요)

 **할인(Réductions)**

바겐세일	soldes
현금 지불시 할인	un escompte
물품 이상시 할인	un rabais
우수고객 할인	une remise
초과액 환불	une ristourne

 **la tenue : 옷차림, (규정된) 복장**

- 여행(운동)복장 tenue de voyage(sport)

- 야회복 tenue de soirée

- 군복차림의 군인 militaire en tenue

- 반드시 예복을 착용할 것. La tenue est de rigueur.
- 평상복 vêtement de tous les jours / 작업복 vêtement de travail

le habit : (pl) 의복

- 신사복 les habits d'homme
- 결혼 의상 les habits de mariage
- 예복 입은 남자 homme en habit
- 야회복 habit de gala
- 착복식 cérémonie de la prise d'habit

Exercices

Ⅰ. 각 상황에 적절한 옷을 연결시켜 보세요.

(1) un survêtement   ⓐ pour faire du sport
(2) un imperméable   ⓑ aux sports d'hiver
(3) un maillot de bain   ⓒ à la plage
(4) une combinaison de ski   ⓓ la nuit dans sa chambre
(5) une chemise de nuit   ⓔ un jour de pluie

Ⅱ. 각 상황에 맞는 적절한 옷을 생각해 보세요.

(1) Il pleut. Marie met ___________________________________

(2) Je veux dormir. Je met ___________________________________

(3) Quand elle fait du sport, elle met___________________________________

(4) Pour nager, on met ___________________________________

속옷(Le sous-vêtement) / 소품들(Les accessoires)

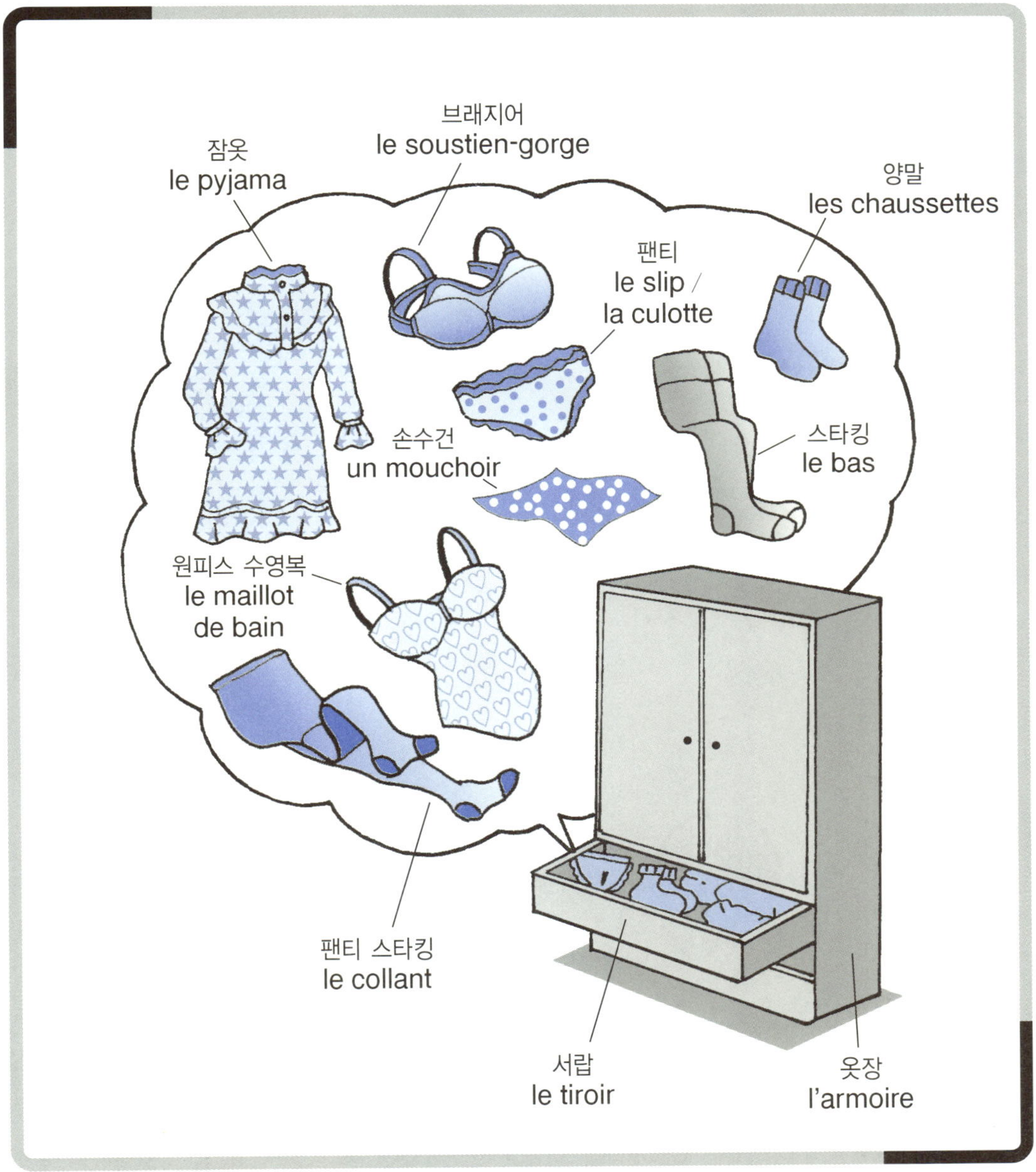

비키니 le bikini

손수건 le mouchoir

실내복 la robe de chambre

나이트 가운 la chemise de nuit

스카프 le foulard

목욕가운 le peignoir

팬티
le slip / le caleçon

장갑
les gants

남자수영복
le slip de bain

혁대
la ceinture

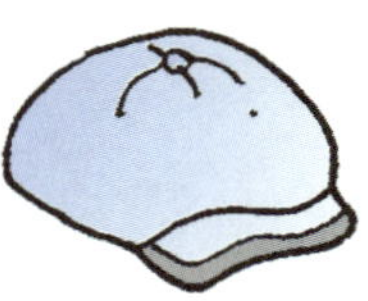

베레모
le béret

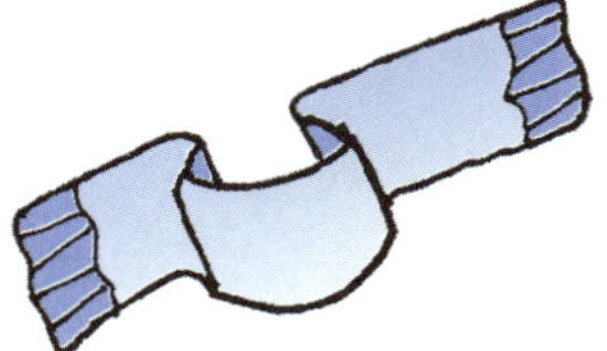

목도리
l'écharpe

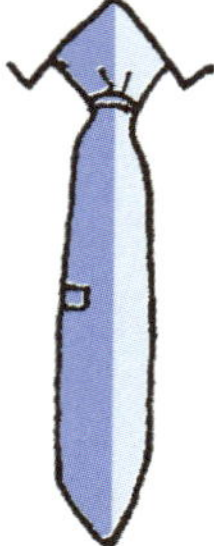

넥타이
la cravate

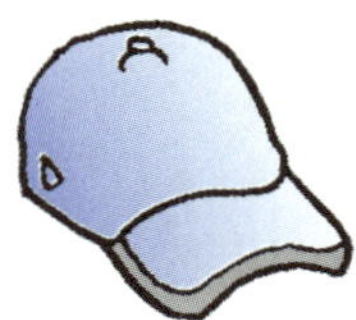

챙있는 모자
la casquette

밀짚모자
le chapeau de paille

챙없는 헝겊모자
le bonnet

나비 넥타이 le noeud papillon	앞치마 le tablier
멜빵 les bretelles	중산모 le chapeau melon
커프스 단추 les boutons de manchette	망사 스타킹 le collant filet

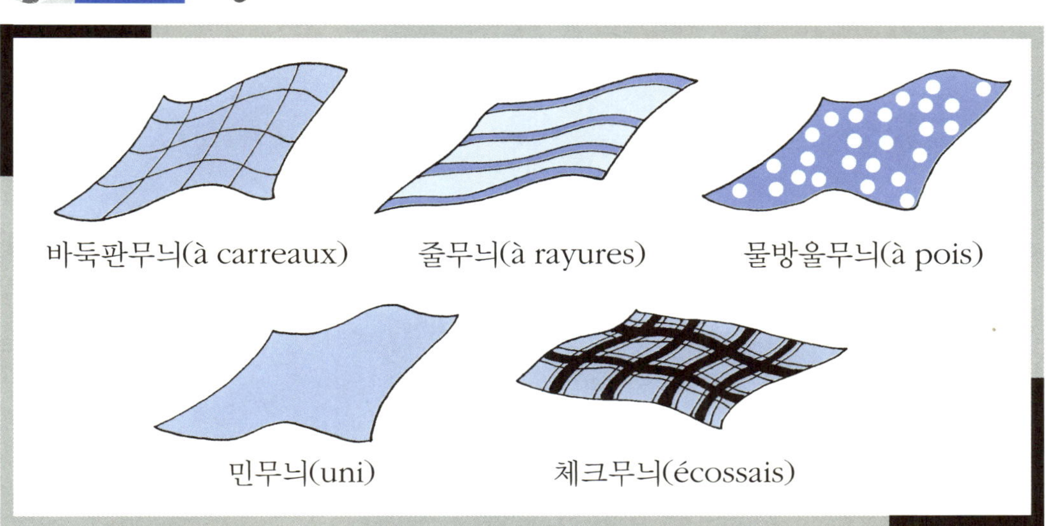

Exercices

Ⅰ. 해당 옷의 어휘를 넣어 보세요.

(1) On prend un _______________ quand il fait froid.

(2) _______________ est composé d'une jupe et d'une veste.

(3) Après un bain dans la maison on prend _______________

(4) Pour faire du jogging, Nina met _______________

Ⅱ. 옷에 문제가 있네요. 적절한 동사를 넣어 보세요.

élargir	raccourcir	rallonger	rétrécir

(1) Ma jupe est trop longue. Vous pouvez la _________ de 5 cm?

(2) Les manches de mon anorak sont trop courtes.

   Il faut ___________

(3) C'est trop serré, ma robe. Je voudrais l'___________ un peu.

(4) Oh! Mon pull a été ___________. Tu l'as lavé en machine?

운동화
les baskets
(=les tennis)

뾰죽구두
les chaussures
à talons

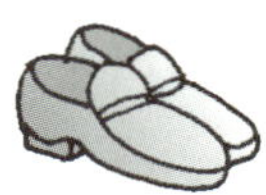
끈이 없는 간편한 단화
les mocassins

샌들
les sandales

실내화
les pantoufles
(=les chaussons)

굽이 없는 구두
les chaussures plates
(=escarpins)

핸드 백
le sac à main

서류 가방
la serviette

부츠
les bottes

배낭
le sac à dos

여행용 가방
la valise

숄더백 le sac en bandoulière	신발끈 les lacets
(초등학생용)책가방 la cartable	구두약 le cirage
여행 가방 le sac de voyage	구두 바닥 la semelle
서류 가방 le porte-documents	구두닦다 cirer
지갑 le portefeuille	동전지갑 le porte-monnaie

벽시계 une horloge	전자 시계 une pendule électronique
뱃지 un badge	뻐꾸기 시계 une pendule à coucou
(사슬모양의)팔찌 une gourmette	초침 une trotteuse
핸드폰 un téléphone portable	발찌 un piedcelet

동사 mettre

- Je mets les tennis pour me promener. (산책하기 위해 운동화를 신는다.)
- Je mets des bas / une robe / mes lunettes / mon chapeau...

  (스타킹 / 원피스 / 안경 / 모자를 신는다 / 입는다 / 쓴다)
- Je dois mettre ma montre à l'heure. (시계 시간을 맞추어야겠다.)

■ 신발 가게

- Quelle est votre pointure?

  (발 치수가 얼마인가요?)

  – Je chausse du 40. (40입니다.)

■ 옷 가게

- Quelle taille faites-vous? (사이즈가 얼마신가요?)
- Je fais du 38. (38입니다.)

- Vous voulez essayer? (입어 / 신어 / 써 / 끼워 보시겠습니까?)
- Je peux essayer? (입어봐도 / 신어봐도 / 써 봐도 / 끼워봐도 되나요?)
- Bien sûr. La cabine est là. (물론이지요. 탈의실은 저기입니다.)
- Les chaussures sont trop justes / petites / larges / grandes.

  (신발이 너무 딱 맞아요 / 작아요 / 넓어요 / 커요.)

금 l'or	금도금 le plaqué or	은 l'argent
산호 le corail	진주 la perle	다이아몬드 le diament
구리 le cuivre	루비 le rubis	사파이어 le saphir
에메랄드 l'émeraude	은도금 le plaqué argent	호박 l'ambre
상아 l'ivoire	자수정 l'améthyste	가죽 le cuir
고무 le caoutchouc	면 le coton	마 le lin
모 la laine	폴리에스테르 le polyester	실크 la soie

- Ça me plaît. / Ça ne me plaît pas. (맘에 들어요. / 맘에 들지 않아요.)

- Ça me va bien? (이거 제게 잘 어울리나요?)
- Oui. Ça vous va très bien. (예 당신에게 아주 잘 어울려요.)
- Ça ne me va pas bien. / Ça ne vous va pas bien.
  (이건 나에게 / 당신에게 어울리지 않아요.)

 **구 매**

- Je prends ça. (그걸로 살게요.)

Ⅰ. 각 문장에 적절한 동사를 골라 동사변화해 보세요.

chercher	faire	essayer	plaire	aller

〈Dans la boutique〉

A : Je (1) _______________ un pantalon noir.

　　Je voudrais (2)_____________ le pantalon qui est dans la vitrine.

B : Quelle est votre taille? (= Quelle taille faites-vous?)

A : Je (3) _______________ du 40.

B : Voilà. La cabine(d'essayage) est au fond, là-bas.

A : Comment ça (4)......., la taille? Ça vous (5) __________?

B : Mais... C'est un peu serré.

Ⅱ. 올바른 어휘를 골라보세요.

(1) Le soutien-gorge est un vêtement / un sous-vêtement.

(2) Il pleut. Elle met un imperméable / un manteau.

(1) Il fait chaud. Je met des bottes / des sandales.

11 거주지 (L'habitat) / 집 (La maison)

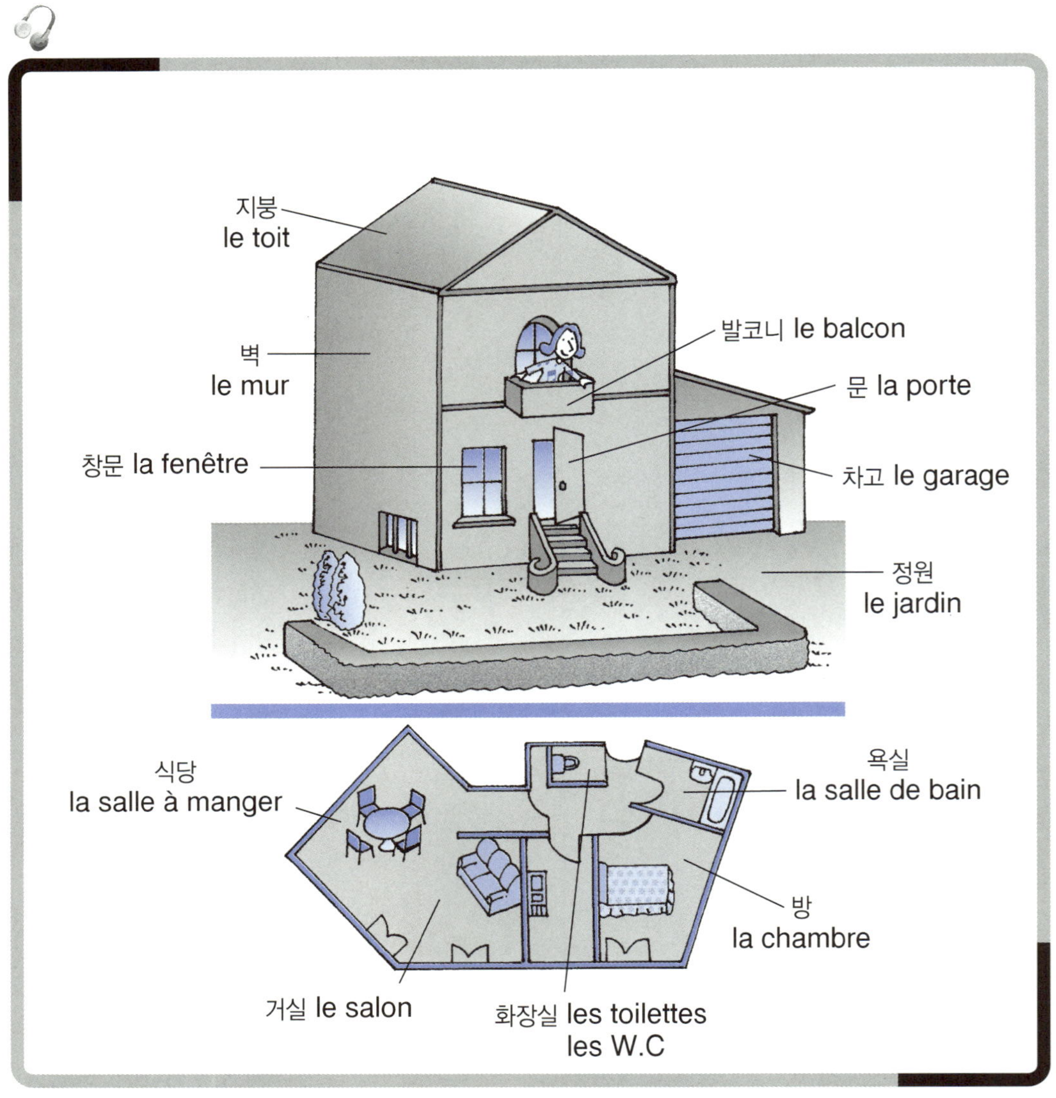

천정 le plafond	바닥 le sol	계단 l'escalier
1층 le rez-de-chaussée	입구 l'entrée	지하실 le sous-sol
2층 la première étage	부엌 la cuisine	복도 le couloir
중앙 난방 le chauffage central	창고 le hangare	쓰레기 les ordures
개인 난방 le chauffage individuel	다락방 le grenier	어린이 놀이터 l'aire de jeu

- Où habitez -vous? (어디 사십니까?)

  – J'habite à 1 km / à 5 minutes de la gare.

  (저는 역에서 1킬로 / 5분 떨어진 곳에 삽니다.)

  – J'habite dans le sixième arrondissement. (6구에 삽니다.)

  – J'habite à une heure en voiture de Paris. (파리에서 차로 1시간 거리에 삽니다.)

- À combien êtes-vous de la gare? (댁이 역에서 얼마나 걸립니까?)

  – C'est à plus d'une heure de la gare. (역에서 한 시간이 더 걸립니다.)

- Il y a beaucoup de l'H.L.M en banlieue de Paris.

  (파리 외곽지역에는 공영주택이 많다.)

- Il habite dans une maison à un étage / au rez-de-chaussée.

  (그는 2층 집에 / 1층에 산다.)

- Pour chercher un appartement à louer, je consulte les colonnes "ventes" ou "locations" dans la page "petites annonces"

  (세 놓는 아파트를 찾기 위해, 나는 신문 "광고" 면에서 "팔기" 혹은 "세놓기" 면을 살펴본다.)

- J'ai un loyer elevé. Le loyer doit être payé le premier du mois.

  (나는 비싼 집세를 낸다. 집세는 매달 1일에 지불되어야한다.)

빌딩 un immeuble	성 un château	별장 une villa
별장 un pavillon	통나무집 une cabane	농가 une ferme
산장 un chalet	탑 une tour	아파트 un appartement
집 une maison	방갈로 le bangalow	스튜디오, 단실아파트 un studio
집세 le loyer	경비 le / la concierge	집주인 le / la propriétaire
보증금 la caution	세입자 le / la locataire	복덕방 l'agence immobilière
영세민을 위한 공영주택 une H.L.M (Habitation à loyer modéré)		
대학 기숙사 le foyer pour étudiants / la résidence universitaire		

<table>
<tr><td>팔집 la maison à vendre</td><td>함께 세들어 사는 사람 le / la colocataire</td></tr>
<tr><td>관리비 les charges</td><td>세 놓을 집 la maison à louer</td></tr>
<tr><td>광고 les petites annonces</td><td>소개비 les frais d'agence</td></tr>
<tr><td>계약 un contrat</td><td>승강기 un ascenseur</td></tr>
</table>

Exercices

Ⅰ. 적절한 어휘를 골라 보세요.

propriétaire   locataire   l'agence immobilière
caution   crémaillère

(1) Le ________________, c'est quelqu'un qui est possesseur d'un appartement.

(2) Le ________________ paie le loyer chaque mois.

(3) Pour louer un appartement, on va à ________________

(4) Pour garantir son loyer, on verse une ________________

(5) Tu as déménagé? Alors tu dois pendre la ________________?
   * pendre la crémaillère 집들이하다.

Ⅱ. 문장 내용에 맞는 적절한 장소 어휘를 생각해 보세요.

(1) On dort dans ________________

(2) La salle de séjour = ________________ + ________________

(3) Elsa prépare le dîner dans ________________

(4) Paul conserve les bouteilles de vin dans ________________

12 방 (La chambre) / 거실 (Le salon)

어린이용 침대 un lit pour enfants	옷걸이 un portemanteau
더블 베드 un lit à deux places	히터 un radiateur
싱글 베드 un lit à une place	드레스룸 un vestiaire
전기담요 une couverture chauffante	에어컨 un climatiseur
옷장 une armoire	베갯잇 une taie d'oreiller

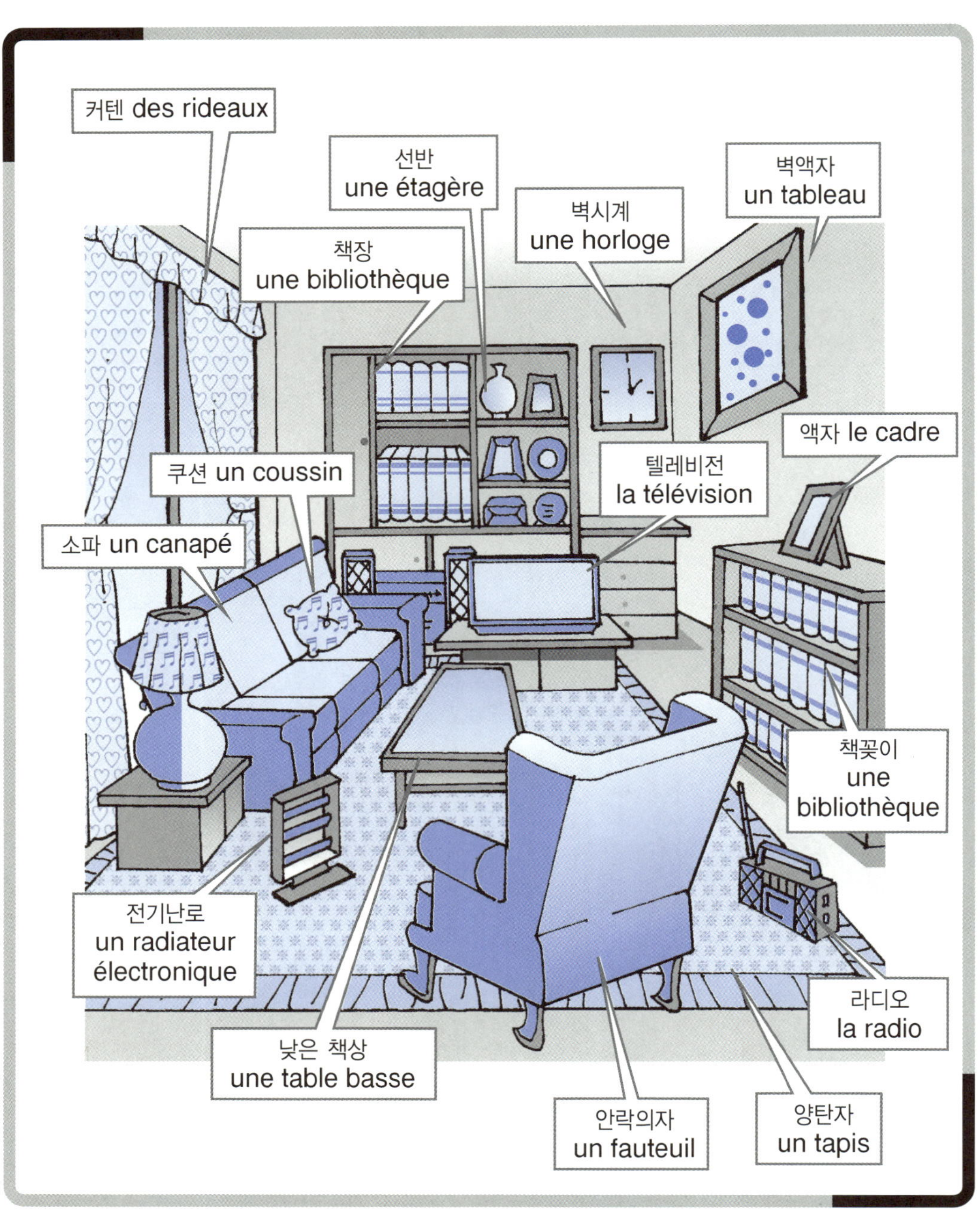

오디오 une chaîne hi-fi	전화 le téléphone	동그란 의자 un tabouret
전구 l'ampoule	재떨이 le cendrier	VTR le magnétoscope
벽난로 la cheminée	형광등 le néon	바퀴달린 의자 une table roulante
환풍기 un aérateur	콘센트 une prise de courant	

Ⅰ. 다음 빈 칸에 적절한 어휘를 골라 넣어 보세요.

> **un lit   une armoire   une table de nuit**
> **un réveil   une couette   une commode**

Voilà ma chambre. J'ai (1)______________ où je ne dors pas très bien car le matela est trop mou. Ma (2)______________ est léger et doux. Je n'aime pas la couverture lourde. Dans un coin de la pièce, j'ai une grande (3) ____________________où je range mes vêtements. Sur ma (4)_________________, il y a une lampe. J'aime lire au lit. Et auissi un (5)______________ pour ne pas être en retard à mon travail le matin. Pour ranger mes chemises j'ai une (6)____________ avec quatre tiroirs.

Ⅱ. 여행을 다녀오니 집안 일이 쌓여있네요. 적절한 동사를 넣어 해야 할 일들을 정리해 보세요.

> **faire   nettoyer   débarrasser   balayer   passer**
> **épousseter   vider   étendre   arroser   ranger**

(1) Il faut ______________ la table.

(2) Il faut ______________ la vaisselle.

(3) Il faut ______________ la cuisine.

(4) Il faut ______________ l'aspirateur.

(5) Il faut ______________ les vitres.

(6) Il faut ______________ la plante.

(7) Il faut ______________ le linge.

(8) Il faut ______________ la lessive.

(9) Il faut ______________ le lit.

(10) Il faut ______________ la serpillère.

(11) Il faut ______________ la poubelle.

(12) Il faut ______________ les meubles du salon.

학교(L'école)

Entrez 들어오세요. Écoutez 들어보세요.
Répétez 따라하세요. Regardez 보세요.
Fermez / Ouvrez votre livre. 책을 덮으세요. / 펴세요.
Répondez 대답하세요. / Posez des questions. 질문하세요.
Parlez. 말해보세요.
J'aime la Corée.
J'ai une question. 질문있는데요.
Je ne comprends pas. 이해가 안됩니다.
Comment ça s'écrit? 어떻게 쓰나요?

네모 난 학생용 책가방
un cartable

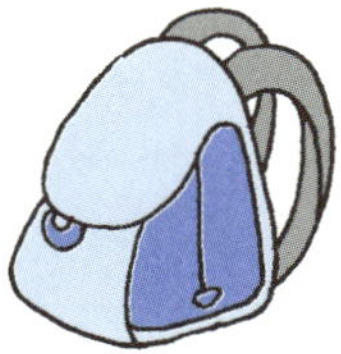

베낭모양 가방
un sac à dos

필통
une trousse

삼각자
une équerre

연필(un crayon à papier)이
꽂혀있는 연필꽂이
(un porte-crayons)

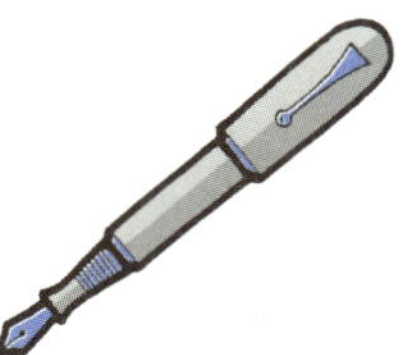

만년필
un stylo à encre

가위
des ciseaux

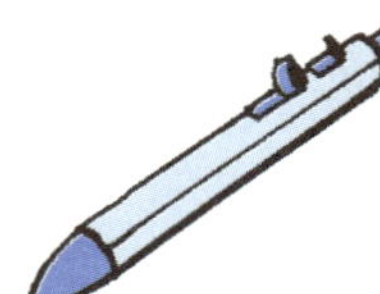

볼펜
un stylo à bille

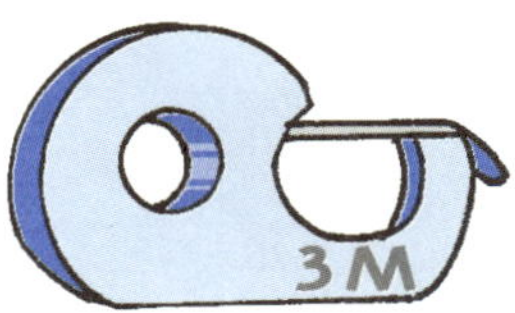

스커치 테이프
un ruban adhésif

샤프
un portemine

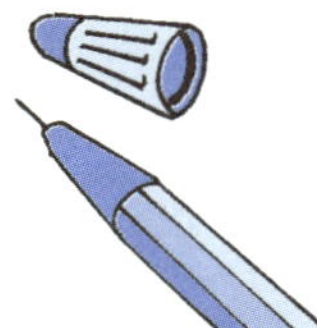

싸인펜 뚜껑
un capuchon

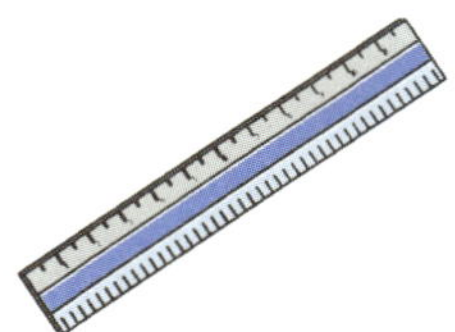

길죽한 자
une règle graduée

책
un livre

공책
un cahier

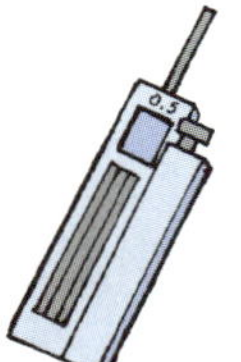

샤프심통
un étui de mines

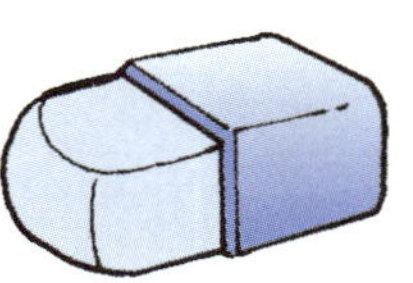

지우개
une gomme

풀
un bâton de colle

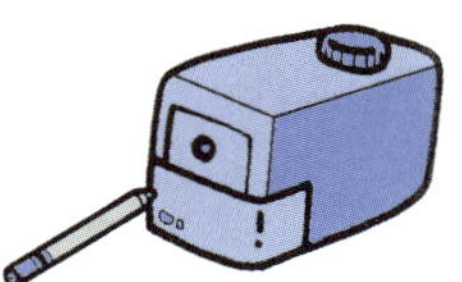

연필깍이
un taille-crayon

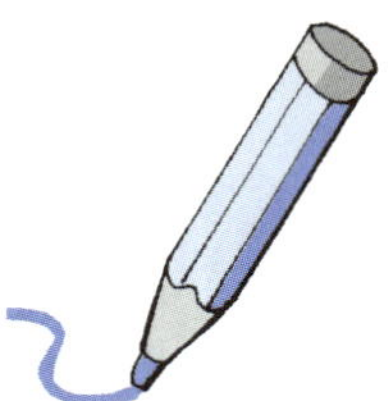

색연필
un crayon de couleur

수첩 / 메모지
un agenda
bloc-notes

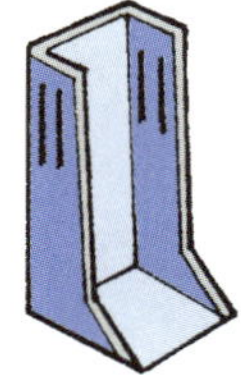

파일
un classeur

수성펜
un feutre

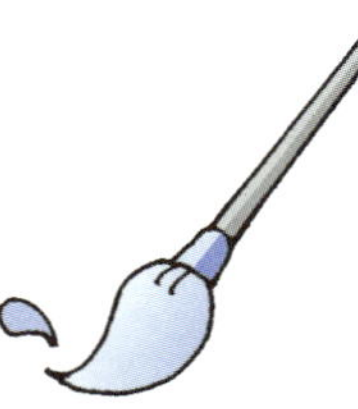

붓
un pinceau

화이트
un correcteur /
un blanc

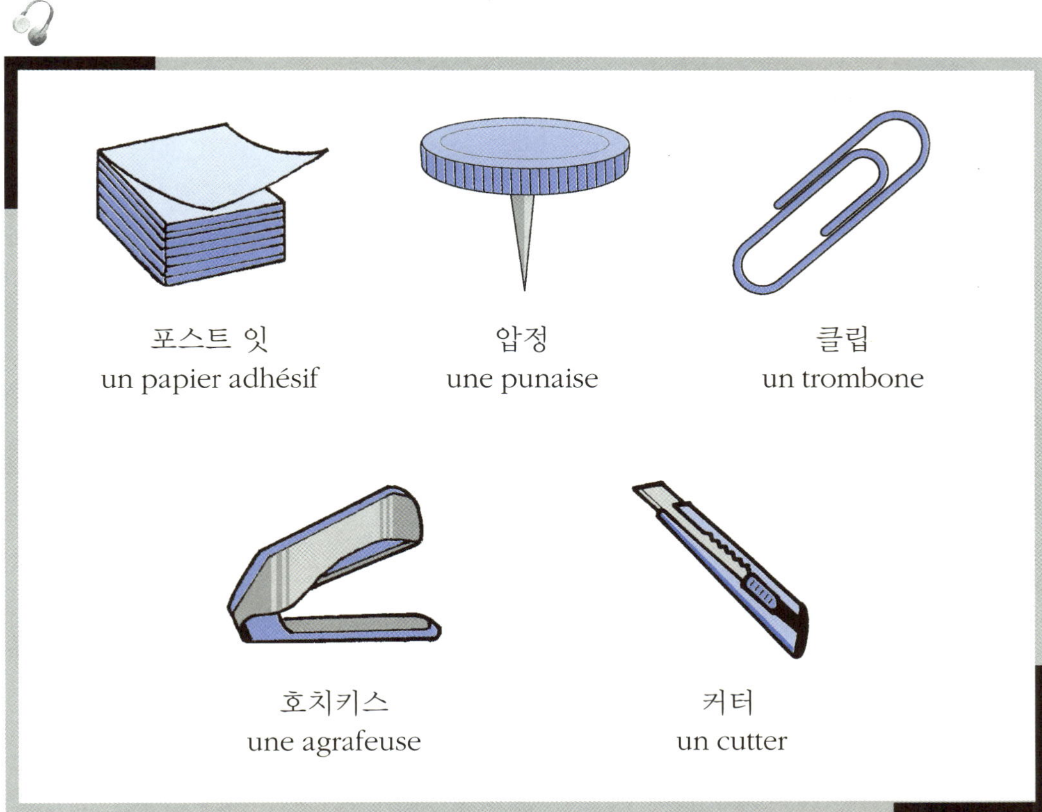

포스트 잇
un papier adhésif

압정
une punaise

클립
un trombone

호치키스
une agrafeuse

커터
un cutter

- Où est-ce que vous avez fait vos études? (어디서 공부하셨나요?)

  – J'ai fait mes études à Lyon. (리옹에서 공부했어요.)

- J'ai été reçu / recalé à l'examen. (나는 시험에 합격했다 / 떨어졌다.)

- En France, la rentrée scolaire, c'est en septembre. (프랑스는 개강이 9월이다.)

- Quelle matière est-ce que tu aimes? (어떤 과목을 좋아해요?)

  – J'aime bien le français et les maths. (프랑스어와 수학을 좋아해요.)

- Je suis fort(e) en français. (나는 불어에 강하다.)

- Je suis nul en maths. (나는 수학은 엉망이야.)

맹꽁이 자물쇠 le cadenas	잉크 l'encre	전자계산기 la calculette
편지지 les papiers à lettre	다이어리 l'agenda	포장지 le papier cadeau
라벨 l'étiquette	팔레트 la palette	작업대 le chevalet
분필 la craie	파스텔 les pastels	책상 la table
의자 la chaise	과목 la matière	개학 la rentrée

교사(le professeur)	학생(l'élève)
학과를 가르치다 enseigner une matière 강의하다 faire / donner un cours 숙제를 내주다 donner des devoirs 강의 준비를 하다 préparer un cours 점수를 주다 donner des notes(=noter) 시험지를 매기다 corriger les copies 보충 수업하다 rattraper un cours	공부하다 étudier, travailler 수업이 있다 / 수업을 듣다 avoir / prendre, suivre un cours 숙제가 있다 / 숙제를 하다 avoir des devoirs / faire ses devoirs 복습하다 réviser ses leçons 점수가 좋다 / 나쁘다 avoir une bonne / mauvaise note 시험을 보다 passer un examen

Exercices

Ⅰ. 교사와 학생이 하는 일을 분류해 보세요.

(1) Le professeur : _______________________________________

(2) L'élève : _______________________________________

> (a) Il corrige. (b) Il suit un cours. (c) Il note. (d) Il pose des questions.
> (e) Il a une bonne note. (f) Il fait des exercices. (g) Il enseigne.

Ⅱ. 각 문장에 적절한 동사를 인칭에 맞추어 넣어보세요.

> **être   faire   obtenir   corriger   passer**

(1) Tu ___________ bon en français? - Non je ___________ mauvais.

(2) Cette année, j'___________ un dîplome.

(3) Il ___________ ses devoirs chez son ami.

(4) Demain je ___________ un examen.

(5) Mon professeur ___________ des copies.

14

프랑스 교육체계(Le système éducatif en France)

학교 명칭	나 이	학년 호칭
유치원 L'école maternelle	3세~6세	petite section moyenne section grande section
초등학교 L'école primaire	6세~10세	C.P. (Cours Préparatoire) C.E.1. (Cours élémentaire 1) C.E.2 (Cours élémentaire 2) C.M.1 (Cours Moyen 1) C.M.2. (Cours Moyen 2)
중학교 Le collège	11세~14세	Sixième Cinquième Quatrième Troisième
고등학교 Le lycée	15세~17세	Seconde Première Terminale
바칼로레아 Le bac(calauréat)		
대학 L'université	18세~	(학위과정) Licences (석사과정) Master 1, 2 (박사과정) Doctorat

Grandes Ecoles

고등학교 후 2년의 준비반(Préparatoire) 과정을 거쳐 진학한다. 유명한 이공계열 엔지니어 그랑제꼴로는 Ecole Polytechnique, Ecole Centrale, Ecole des Mines 등이 있고 행정학교로는 Ecole Nationale d'Administration(=ENA)가 유명하고 경영학교로는 L'Ecole des Hauts Etudes Commerciales(=HEC)가 있다. 고등사범학교(Ecole Normale supérieure, ENS)는 사르트르, 푸코 등 프랑스 석학을 배출한 곳이기도 하다.

- En France l'école primaire est laïque, gratuite et obligatoire.

  (프랑스에서는 초등학교는 비종교적, 무상 · 의무 교육이다.)

- Entre 3 et 6 ans, les petits vont à l'école maternelle.

  (3세에서 6세 사이에 어린이들은 유치원에 간다.)

- Ils vont à l'école primaire entre 7 et 10 ans.

  (그들은 7세에서 10세 사이에 초등학교에 간다.)

- À la fin du collège, on passe le brevet. (중학교가 끝날 때 중학생 졸업 시험을 치룬다.)

- On passe le bac en terminale. (바칼로레아는 고등학교 3학년에 친다.)

- Tu es dans quelle classe?–Je suis en 4e B. (너는 어느 반이야?– 난 4학년 B반이야.)

Exercices

Ⅰ. 프랑스 교육제도와 관련된 올바른 정보를 적어 보세요.

(1) Le premier jour de l'école s'appelle _______________

(2) En France, l'année secolaire commence en _________ et finit en ____

(3) En France, à la fin du lycée on passe un examen, le _______________

(4) L'université comprend plusieurs _______________

(5) Si l'on rate son bac, on devra _______________ sa terminale.

Ⅱ. 나이에 맞는 해당 학교를 골라보세요.

l'école maternelle   l'école primaire   le collège
le lycée   l'université

(1) Eric a 4 ans. Il va à _______________________________

(2) Julian a 8 ans. Il est à _______________________________

(3) Virginie a 15 ans. Il finit le _______________________________

(4) Yanic a 17 ans. Il va au _______________________________

(5) Paul a 18 ans. Il entre à l'_______________________________

15 은행 (La banque)

Les billets (지폐)

5 euros
10 euros
20 euros
50 euros

100 euros
200 euros
500 euros

La monnaie (동전)

1 centime
2 centimes
5 centimes
10 centimes
20 centimes
50 centimes

Au distributeur automatique (현금인출기에서)

– Introduisez votre carte (카드를 넣으세요.)

– Composez votre code secret(confidentiel), puis validez.
   (비밀번호를 누르고)

– Choisissez votre montant. (금액을 선택하세요)

– Veuillez patienter. (기다리세요.)

– Vous pouvez retirer votre carte. (카드를 꺼내세요.)

– La carte non restituée. (반환되지 않는 카드입니다.)

– N'oubliez pas vos billets. (현금을 잊지 마세요.)

– Merci de votre visite. (방문해 주셔서 감사합니다.)

통화 la monnaie	계좌 un compte
수표책 un carnet de chèque(chéquier)	수표 un chèque
신용카드 une carte de crédit	계좌 번호 le numéro de compte

- En France et dans plusieurs pays d'Europe, la monnaie est l'euro.

  (프랑스와 유럽 여러 국가에서, 통화는 유로이다.)

- On ouvre (≒ferme) un compte dans une banque ou à la poste.

  (은행이나 우체국에서 계좌를 연다(닫다).

- On peut demander un carnet de chèque(=un chéquier) et une carte de crédit.

  (수표 책과 신용카드를 신청할 수 있다.)

- J'ai trop dépensé, le compte est à découvert (=Le compte est en rouge / Je suis à découvert).(돈을 너무 많이 지출해서 계좌에 잔고가 없다.)

- Si vous êtes à découvert, il faut verser de l'argent dans votre compte.

  (계좌에 잔고가 없으면, 계좌에 돈을 넣어야 한다.)

- Quel est votre numéro de compte? (계좌 번호가 무엇입니까?)

- Suzanne fait des économies pour acheter une grande maison.

  (쉬잔은 커다란 집을 사기 위해 절약한다.)

- Vous avez la monnaie de 10 euros, s.v.p.? (잔돈으로 10 유로 있으세요?)

- Je paie en espèces (=en liquide) 현금으로 / par chèque 수표로

  par carte bleue (carte bancaire / carte de crédit) 카드로 계산한다

계좌에 남아있는 총액 / 미불금 le solde
매달 은행에서 보내주는 예금 명세서 le relevé
환전 le change / 환전하다 changer de l'argent
예금하다 déposer de l'argent
채권자 le créancier
채무자 le débiteur
이체하다 faire des virement
이자의 공제 / 자동공제 prélèvement d'intérêt / prélèvement automatique
수수료 / 이자 l'agio
저당잡히다 hypothéquer

I. 다음 대화를 완성해 보세요.

  (1) – Ça fait _______________? (얼마죠?)

     – 70 euros, s.v.p. Vous réglez_______________?

      (70 유로입니다. 계산은 어떻게 하실래요?)

     – Par _______________ (수표로요.)

  (2) – Vous voulez _____________de combien? (얼마를 입금하실래요?)

     – Un versement de 400 euros.

II. 줄친 부분에 해당하는 어휘 및 표현을 찾아보세요.

des intérêts   à crédit   emprunte   rembourse
n'a pas d'argnet   la monnaie

1) Elle _____________de l'argent à la banque pour acheter une maison.

  (그녀는 집을 사기 위해 은행에서 대출을 받는다.)

2) Ensuite elle _______________ son emprunt. / on paie des _________

  (그리고 나서 그녀는 부채를 상환한다. / 이자를 낸다.)

3) Elle achète une voiture _______________

  (그녀는 할부로 자동차를 산다.)

4) Pour prendre un café à une machine automatique on a besoin de

  _______ (자동판매기에서 커피를 마시기 위해서는 잔돈이 필요하다.)

5) Il _____________ pour payer son loyer (그는 집세를 낼 돈이 없다.)

III. 작문해 봅시다.

  1) 미안해요. 잔돈이 없네요.

    ____

  2) 잔돈 거슬러 주세요.

    ____

전보 un télégramme	택배아저씨 un coursier
포장 un emballage	우편물 un courrier
포장지 le papier d'emballage	포장하다 emballer(≠déballer)
우편환 mandat de poste	영수증 le reçu(le récépissé)
편지 / 소포에 우표를 붙이다 affranchir une lettre / un paquet	

- Où se trouve le bureau de poste?

  (우체국이 어디있나요?)

- Tous les jours, le facteur distribue le courrier.

  (매일 우체부는 우편물을 나누어준다.)

  * courrier란 편지, 엽서, 소포 등을 모두 포함하는 우편물 전체를 의미.

- Le destinataire reçoit un colis. (수신인이 소포를 받는다.)

- Je voudrais envoyer cette lettre en Corée du Sud, s.v.p.

  (이 편지를 대한민국으로 보내고 싶습니다.)

- C'est combien par avion / par bateau?

  (항공편 / 배편으로는 얼마입니까?)

- Il existe deux tarifs : un rapide, un normal

  속달과 보통, 두 가지 요금이 있습니다.

- En recommandé, s.v.p. (등기로 해주세요.)

- Quand arrivera cette lettre? (이 편지는 언제 도착할까요?)

- Donnez-moi un timbre à 3 euros, s.v.p. (3 유로짜리 우표 한장 주세요.)

- On peut acheter les timbres par carnet.

  (10장 든 카르네로 우표를 살 수 있다.)

- Remplissez le formulaire, s.v.p. (신청서 용지를 써주세요.)

- Où peut-on acheter des timbres? (우표는 어디서 살수 있나요?)

  – Dans un tabac et à la poste. (담배가게와 우체국이요.)

- En France, les boîtes aux lettres sont jaunes.

  (프랑스에서는 편지통이 노란색이다.)

운송료 le frais de port / la participation

발송인 부담으로 franco de port

법인 personne morale

Ⅰ. 적절한 어휘를 넣어보세요.

> coller   envoyer   remplir   distribuer
> la philatéliste   affranchir   jaune   carnet

(1) Pour envoyer une lettre, je dois ___________________ un timbre sur l'enveloppe.

(2) ___________________ = coller un timbre

(3) Je voudrais ___________________ ce paquet à Séoul en Corée du sud.

(4) Il faut ___________________ le formulaire pour la lettre en recommandé

(5) Le facteur ___________________ le courrir.

(6) Le collectionneur des timbres, on l'appelle ___________________

(7) En France, les boîtes aux lettres sont ___________________

(8) On peut acheter les timbres par ___________________ de dix.

Ⅱ. 소포를 붙이기 위해 다음의 행동을 순서대로 놓아보세요.

> **Pour envoyer un colis, il faut :**

(1) faire peser le colis par le postier

(2) fermer le colis

(3) bien emballer l'objet, surtout s'il est fragile

(4) affranchir en fonction de poids

(5) placer l'objet dans l'emballage

(6) acheter un emballage

17

스포츠(Le sport)

페널티 장소 le point du pénalty	잔디 la pelouse	관중들 les spectateurs
월드컵 la Coupe du monde	관중석 le gradin	코치 un entraîneur
하프타임 la mi-temps	선수 un joueur	프랑스 축구팀 les Bleus
연장 la prolongation	경기 le match	페널티 un pénalty
자살골 un but contre son camp	업사이드 hors jeu	슈팅 le tir au but
옐로우카드 le carton jaune	득점하다 marquer un but	

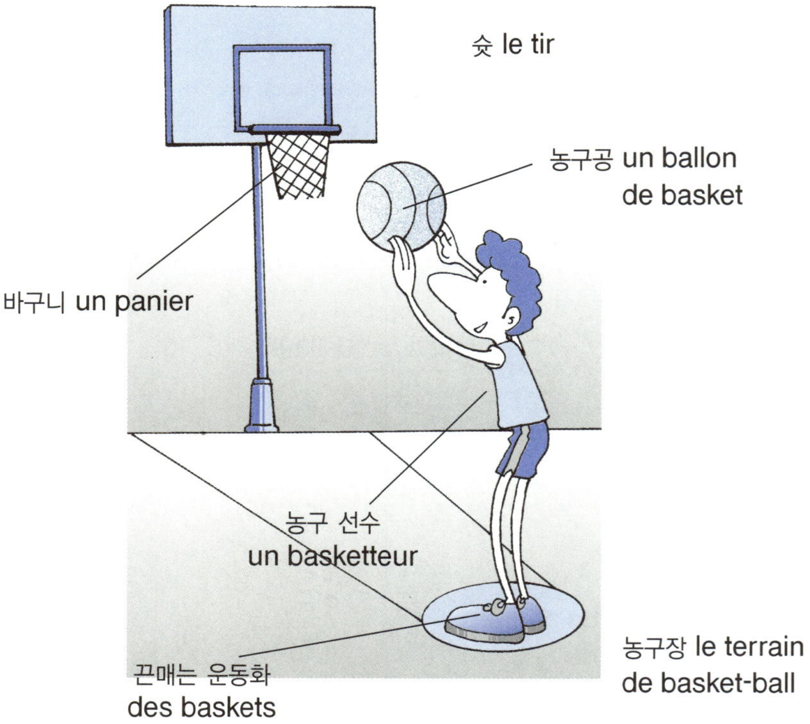

운동

크리켓 le cricket	등산 l'alpinisme	에어로빅 l'aérobic
조정 l'aviron	볼링 les quilles	자동차 경주 la course automobile
레슬링 le catch	스커시 le squash	긴 산책 le randonnée
수영 la natation	야구 la baseball	골프 le golf
하키 le hockey	합기도 le hapkido	체스 les échecs
범선 voile	유도 le judo	크롤 le crawl
댄스 la danse	달리기 la course	당구 le billard
낚시 la pêche	스키 le ski	노르딕 스키 le ski de fond
배구 le volley-ball	페탕크 la pétanque	배드민턴 le badminton
유도 le judo	역도 les haltères	조깅 le jogging
핸드볼 le hand-ball	육상 l'athlétisme	펜싱 l'escrime

인라인스케이트 le patinage en ligne	포환던지기 le lancement du poids
권투 le boxe	달리기 la course à pied
넓이뛰기 le saut en longuer	높이뛰기 le saut en hauteur
럭비 le rugby	축구 le football
탁구 le ping-pong(le tennis de table)	원반 던지기 le lancement du disque
승마 l'équitation (f.)	윈드서핑 la planche à voile
바이애슬론 le biathlon	체조 la gymnastique
사격 le tir à la cible	수상 스포츠 le sport nautique
스킨다이빙 la plongée sous-marine	단체 스포츠 le sport d'équitation
아이스 하키 le hockey sur glace	수상스키 le ski nautique
오토바이 경주 la course moto	랠리 자동차 경주 le rallye
자동차 경주 la course auto	무술 les arts martiaux
스키 드퐁 le ski de fond	윈드서핑 la planche à voile
V.T.T.＝Vélo tout terrain	행글라이더 le deltaplane
핸드볼 le handball	철봉, 평균대 les agrès
열기구la montgolfière	가라대 le karaté
다트 les fléchettes	피겨 스케이트 le patinage artistique
스쿼시 un squash	스피드 스케이트 le patinage de vitesse

스케이트 보드 une planche à roulette(=un skate-board)
사이클 le cyclisme　　* Le Tour de France(자전거로 프랑스 일주를 하는 경기)
스케이트 le patin (스케이트 타다 faire du patinage)
롤라 스케이트 le roller＝le patin à roulette(롤라스케이트를 타다 faire du roller)

운동선수들

수영 선수 un nageur	축구 선수 un footballeur
테니스 선수 un joueur de tennis	잠수부 un plongeur
승마 선수 un cavalier	자전거 경주자 un coureur cycliste
육상 선수 un athlète	권투 선수 un boxeur
레슬링 선수 un joueur de catch	역도 선수 un haltérophile

테니스 **le tennis**

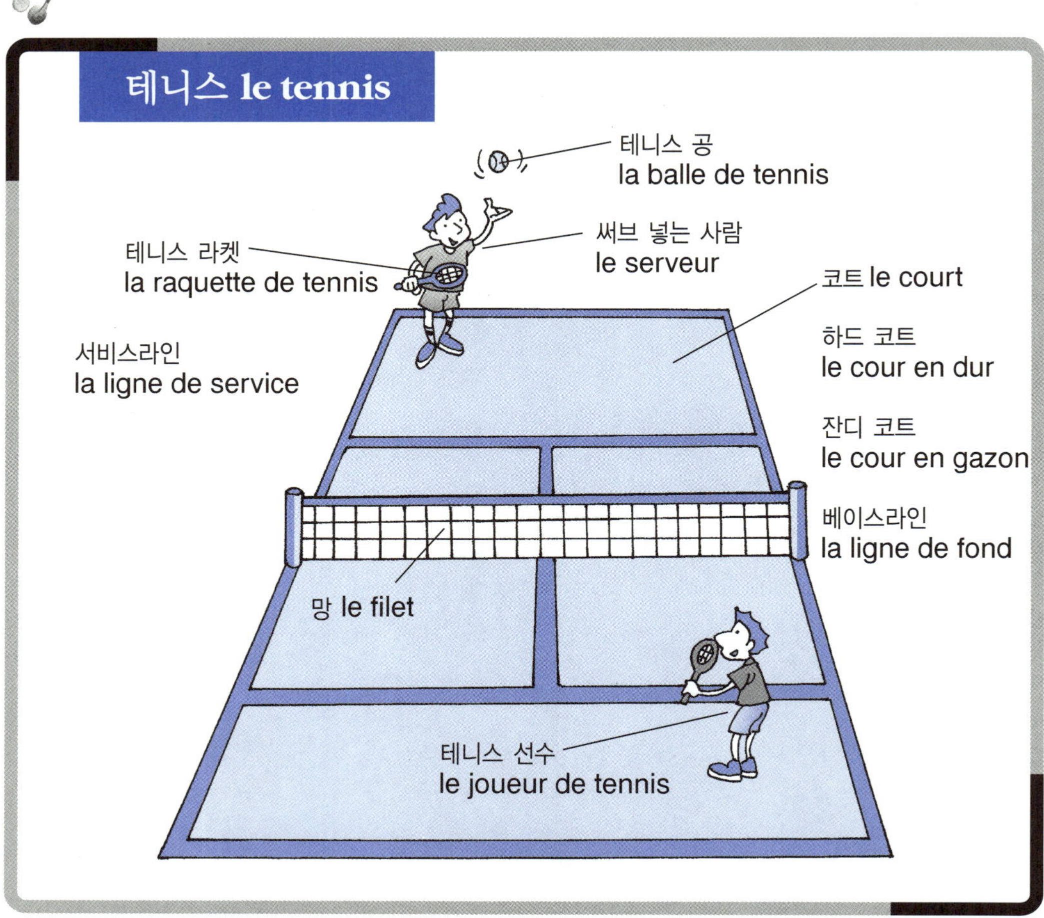

듀스 égalité	게임 le match	매취 포인트 la balle de match
셋트 le set	써브넣다 servir	서비스 le service
아웃 out	발리 la volée	셋트 포인트 la balle de jeu
러브(스코어0) zéro		

남자 단식 simple messieurs	여자 단식 simple dames	에이스 un ace
남자 복식 double messieurs	여자 복식 double dames	스토로크 un coup
롤랑가로스 테니스 대회 le tournoi de Roland Garros		

수영하다 nager	올라가다 monter	잠수하다 plonger
달리다 courir	제자리에서 뛰다 sauter	기다 grimper
패달을 밟다 pédaler	훈련하다 s'entraîner = faire de l'exercice	

• Est-ce que tu fais du sport (tu pratiques un sport)? (운동을 하십니까?)

 - Oui, je pratique le tennis.(=je fais du tennis.) (예, 저는 테니스를 칩니다.)

• Vous aimez le sport? (운동을 좋아하세요?)

 - Oui. Je suis sportif(ive). (예. 저는 운동을 즐깁니다.)

• Qu'est ce que vous faites comme sport? / Vous pratiquez quel sport?

 (어떤 운동을 하시나요?)

 - Je fais du tennis. / du pinpong / du cyclisme / de l'équitation / de la course / du ski.

   (저는 테니스 / 탁구 / 자전거 경기 / 승마 / 달리기/ 스키를 합니다.

• Quel sport aimez-vous? (어떤 운동을 좋아하시나요?)

 - Moi, j'aime faire de la natation. (나는 수영하는 걸 좋아합니다.)

• Je fais partie d'un club sportif. (스포츠클럽의 회원입니다.)

• Mina court le 100 mètres en 15 secondes.

 (미나는 15초만에 100미터를 달립니다.)

• On joue au tennis sur un court avec une raquette et une balle.

 (코트에서 라케트와 공을 가지고 테니스를 친다.)

Exercices

Ⅰ. 운동과 장소를 연결해 보세요.

(1) la natation •	• a) dans une piscine
(2) l'équitation •	• b) au gymnase
(3) la boxe •	• c) sur un ring
(4) la gymnastique •	• d) sur le tatami
(5) le judo •	• e) sur un terrain
(6) le football •	• f) dans un manège
(7) l'athlétisme •	• g) sur un court
(8) le tennis •	• h) sur un stade

우표수집하다
faire de la philatélie

낚시하다
faire de la pêche

사냥하다
faire de la chasse

사진찍다
faire de la photographie

그림그리다
faire de la peinture

범선 항해하다
faire de la voile

등산하다
faire de l'alpinisme

도자기 만들다
faire de la poterie

뜨개질하다
faire du tricotage

실타래
une pelote de ficelle

연날리다
jouer au cerf-volant

영화관에 가다
aller au cinéma

극장에 가다
aller au théâtre

화초가꾸다
faire du jardinage

카드놀이하다
jouer aux cartes

체스하다
jouer aux échecs

바이올린
le violon

바이올린 연주하다
jouer du violon

목공일하다
faire du bricolage

컴퓨터 오락하다
faire un jeu(vidéo)
sur l'ordinateur

- Pendant mon temps libre, je préfère être seule.

  (시간날 때, 나는 혼자있는 것을 더 좋아한다.)

- Qu'est-ce que tu fais quand tu es libre?

  (시간이 나면 무엇을 하시나요?)

- Quels sont vos loisirs? (취미가 뭐예요?)

- Je vais au cinéma / au théâtre / au musée / au spectacle / au concert.

  (영화)극장에 / (연극)극장에 / 박물관에 / 공연보러 / 음악회에 갑니다.

- J'aime aller danser (= aller en discothèque / sortir en boîte de nuit)

  춤추러가는 것(= 디스코장에 가는 것)을 좋아해요.

- J'aime le théâtue. Je joue la comédie.

  (나는 연극을 좋아해요. 나는 연극을 하지요.)

- J'aime la salsa, le mambo, le tango et le blues.

  (저는 살사, 맘보, 탱고, 블루스를 좋아해요.)

- J'aime écouter la musique / faire du sport.

  (음악듣는 것 / 운동하는 것을 좋아해요.)

- J'aime la lecture / la sculpture. (나는 독서 / 조각을 좋아해요.)

음악

- la musique classique / moderne / la techno / le rap / le jazz / la pop music / la country music / le rock

  (클래식 음악 / 현대 음악, 테크노, 랩, 재즈, 팝 뮤직, 컨츄리 뮤직, 록)

> **jouer + 부분관사 + 악기 : 악기를 연주하다**
> **jouer + à + 정관사 + 게임 : 게임을 하다**

- J'aime jouer du piano / de la guitare / du violon.

  (전 피아노 치는 것 / 기타 연주 / 바이올린 연주를 좋아해요.)

- J'aime jouer aux cartes / aux jeux de société.

  (카드놀이 / (여럿이 하는) 실내 게임을 좋아해요.

- Nous avons les mêmes goûts. (우리는 취미가 같다.)

- Alain a du goût pour la lecture. (알렝은 독서에 취미가 있다.)

- Ce fruit n'a pas de goût. (이 과일은 아무 맛이 없다.)

- Elle a décoré sa maison avec goût. (그녀는 집을 세련되게 꾸몄다.)

- Lina s'habille toujours avec bon goût. (리나는 항상 우아하게 옷을 입는다.)

Exercices

Ⅰ. 적절한 관사를 넣고 문장의 의미를 알아봅시다.

(1) On joue (   ) cartes chez Mireille le dimanche.

(2) Les Français aiment bien faire (   ) bricolage pour leurs loisirs.

(3) Ma mère fait (   ) couture quand elle a le temps.

(4) Elle aime faire (   ) tricot aussi.

(5) On joue (   ) cerf-volant?

(6) Mathilde aime faire (   ) patin à glace.

19 부엌 용품(Les ustensiles de cuisine)

후라이판
une poêle

남비
une casserole

남비뚜껑
un couvercle

압력솥
une cocotte-minute

여과장치 된 커피포트
une cafetière éclectrique

믹서기
un mixeur

저울
une balance

토스트기계
un grille-pain

머그잔
la tasse

병따개
un ouvre-bouteilles

포도주따개
un tire-bouchon

주전자
une bouilloire

도마
une planche à découper

우묵한 샐러드접시
un saladier

국자
une louche

야채물빼는 그릇
une passeoire

계란휘젓는 교반기
un fouet

계량컵
un verre mesureur

가위 des ciseaux		앞치마 un tablier	
강판 une râpe		세척액 détersion	
깔때기 un étonnoir		식기류(집합적) une vaisselle	
개수대 un évier		수세미 une lavette	
공기 un bol		쓰레기통 une poubelle	
냅킨 une serviette de table		가스렌즈 une cuisinière à gaz	
냉장고 un réfrigérateur / 냉동실 un frigo		전기렌즈 une cuisinière électrique	
레몬(오렌지) 압착기 un presse-citron		스폰지 un éponge	
냉동고 un congélateur		세탁기 une machine à laver	
붙박이장 un placard		수도꼭지 un robinet	
쓰레기 des ordures		식기 세척기 un lave-vaiselle	
스푼 une cuillère		전자 렌즈 un micro-onde	
스푼(나무) une cuillère en bois		스푼(찻숟가락) une cuillère à café	
스푼(디저트용) une cuillère à dessert		스푼(수프) une cuillère à soupe	
수프그릇 une soupière		오븐 un four	
요리하다 faire la cuisine		설거지하다 faire la vaisselle	
식탁보 une nappe		접시 une assiette	
젓가락 une baguette		쟁반 un plateau	
포크 une fourchette		찬장 un buffet	
칼 un couteau		테이블 une table	
컵(유리) un verre		후드 une hotte	
컵(손잡이없는) un goblet		소켓 une prise de courant	
컵(커피) une tasse		가열판 une plaque chauffante	
행주 un chiffon		(빵 자르는) 톱니칼 un couteau-scie	
한 벌의 스푼과 나이프, 포크 un couvert		냅킨 la serviette de table	

- Jean aime faire la cuisine. (쟝은 요리하는 것을 좋아한다.)

- Il est cuisinier professionnel. (그는 전문 요리사이다.)

- Marie est un cordon bleu. (마리는 굉장한 요리사이다.)

- Qu'est-ce qu'on mange ce soir? (오늘 저녁에 뭘 먹을까?)

- Il y a une prise pour le frigo? (냉장고용 콘센트가 있나요?)

• Je fais un gâteau au chocolat et toi, tu prépares le thé.

(나는 쵸코렛 케이크를 만들테니 너는 차를 준비해주렴.)

• Moi je fais la cuisine. Anne, toi, tu fais la vaisselle.

(나는 요리를 하니까, 안, 너는 설겆이를 하렴.)

Comment faire? 어떻게 할까요?

끓이다 faire bouillir	고추를 넣다 pimenter	데치다 sauter	섞다 mélanger
소금을 넣다 saler	양념하다 assaisoner	익히다 faire cuire	자르다 couper
잘게 다지다 hacher	(기름에) 튀기다 faire frire	후추를 치다 poivrer	
껍질을 벗기다 éplucher	녹이다 faire fondre	휘젓다 battre	

des oeufs 계란

반숙 계란 l'oeuf à la coque	삶은 계란 l'oeuf dur
계란 프라이 les oeufs à la poêle	스크램블 에그 les oeufs brouillés
열탕에 익힌 삶은 계란 les oeufs pochés	오믈렛 l'omelette

Exercices

Ⅰ. 다음 빈칸에 cuisine, cuisinière의 단어를 적절하게 넣어보자.

Yanic a une (1)＿＿＿＿＿＿ à gaz dans sa (2)＿＿＿＿＿＿ C'est un

excellent (3)＿＿＿＿＿＿ qui fait bien la cuisine.

Est-ce que la (4)＿＿＿＿＿＿ est équipée?

Ⅱ. 올바른 어휘를 골라보세요.

(1) Pour faire du café, on utilise (une cafetière / un aspirateur).

(2) Pour monter des oeufs en neige, il faut (un batteur / un grille-pain).

(3) Pour couper la viande en morceau, il faut (un couvercle / un couteau).

(4) Pour faire cuire le riz, il faut (un saladier / une cocotte).

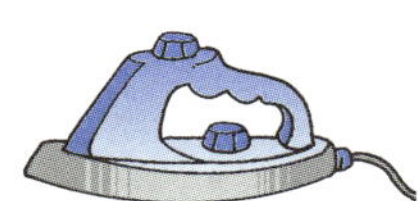
다리미 un fer à repasser

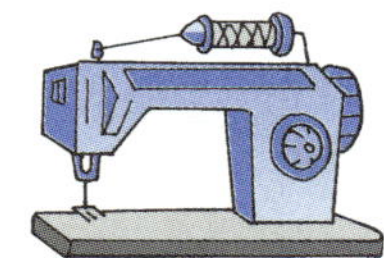
재봉틀 une machine à coudre

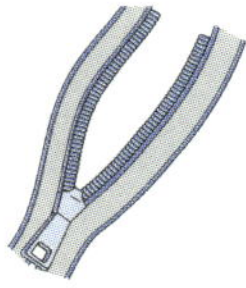
지퍼 une fermeture éclair

진공 청소기 un aspirateur

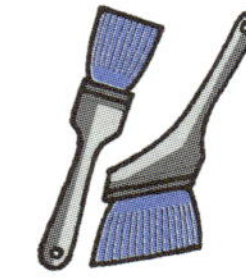
붓 un pinceau

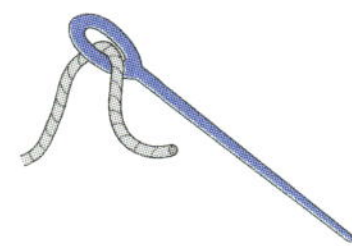
바늘 / 실 une aiguille / une file

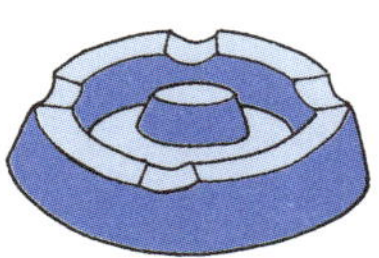
재떨이 un cendrier

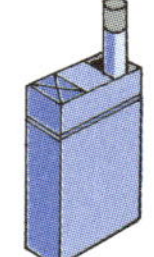
담배 une cigarette
담배한갑 un paquet de cigarettes

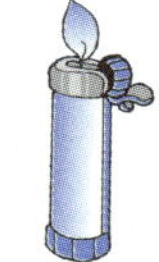
라이터 un briquet

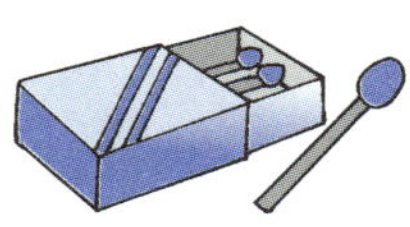
성냥 des allumettes

백열전구 une ampoule

빗 un peigne

브러쉬 une brosse à cheveux

쓰레기통 une poubelle

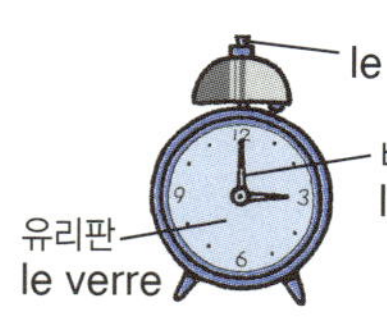

자명종 un réveil

플러그 la fiche
전기스위치 un interrupteur

전화 un téléphone

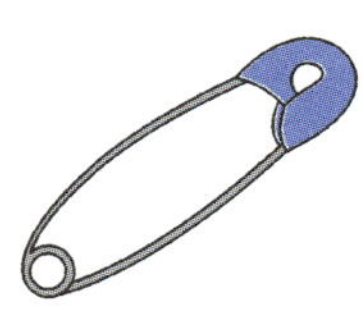
옷핀 une épingle à nourrice

열쇠 une clé
열쇠구멍 une serrure

망치 un marteau

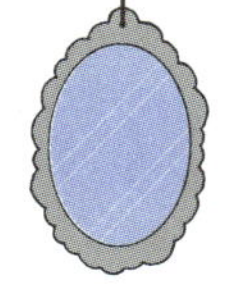
거울 un miroir

빗자루 un balai

Ⅰ. 다음 보기의 단어를 이용해 빈칸에 채워 보세요.

| coudre | cheveux | repasser | nourrice |

(1) une épingle à ______________________

(2) une machine à ______________________

(3) un fer à ______________________

(4) une broche à ______________________

Ⅱ. 관련된 단어끼리 연결하세요.

(1) clé •　　　　　　　　　• a) file

(2) cendrier •　　　　　　　• b) serrure

(3) aiguille •　　　　　　　• c) ordures

(4) poubelle •　　　　　　　• d) cigarette

욕실 (La salle de bain)

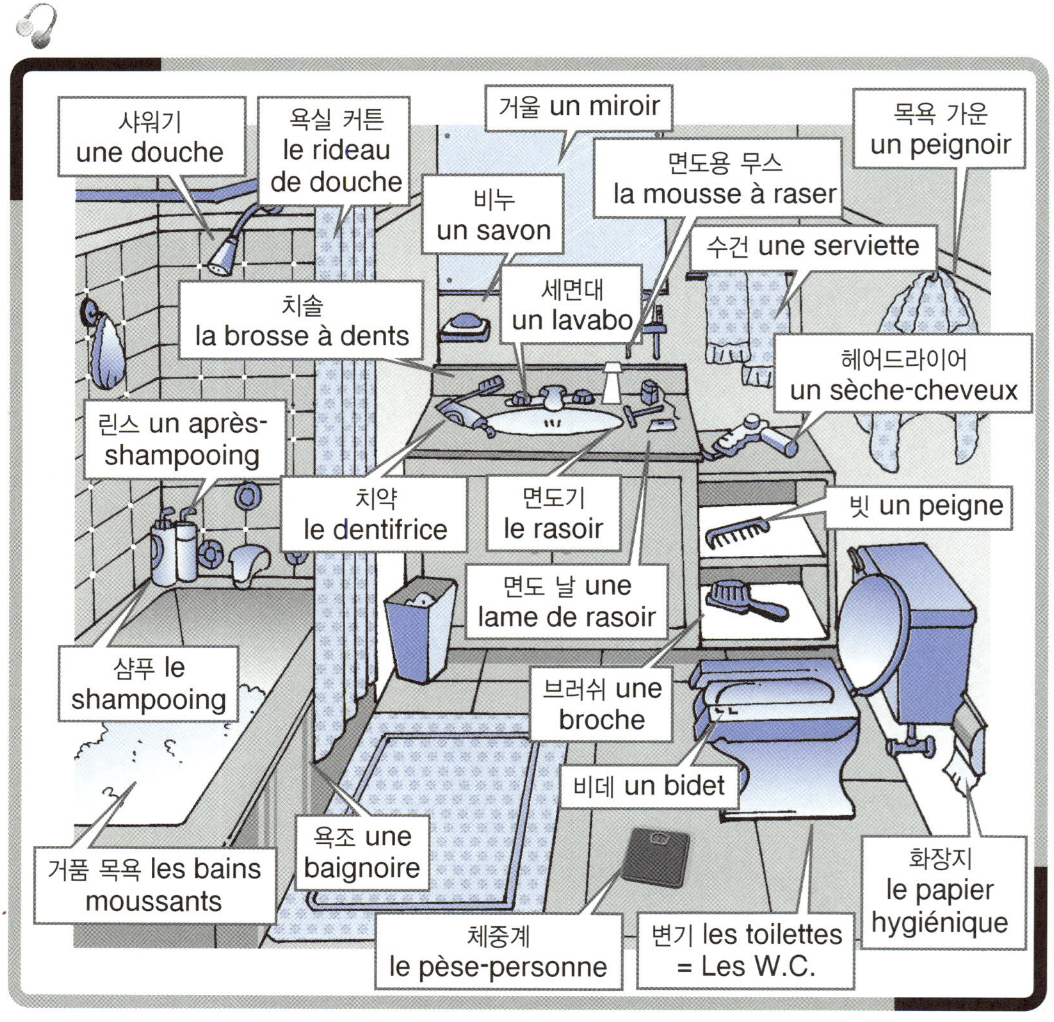

더운 물 l'eau chaude	찬물 l'eau froide
화장지 le papier-toilette	플러그 la fiche
소켓트 la prise de courant	마개 le bouchon
수도꼭지 le robinet	형광등 le néon

빨래 집게 les pinces à linge	빨래 바구니 le panier à linge
빨래 너는 줄 la corde pour étendre le linge	건조대 le séchoir / l'étendoir

Il se regarde dans
la glace et il se rase.
(그는 거울을 보고 면도한다.)

Il fait sa toilette.
(그는 세수를 한다.)

Elle se maquille.
(그녀는 화장한다.)

Il prend une douche.
(그는 샤워를 한다.)

Il prend un bain.
(그는 목욕을 한다.)

Exercices

Ⅰ. 다음의 빈칸을 채워보세요.

(1) Je me brosse les dents avec du __________.

(2) Elle se pèse sur un __________.

(3) Il se rase avec un __________ et de la __________.

(4) Ils se lavent les cheveux avec du __________.

(5) Après la douche, nous nous peignons avec un __________.

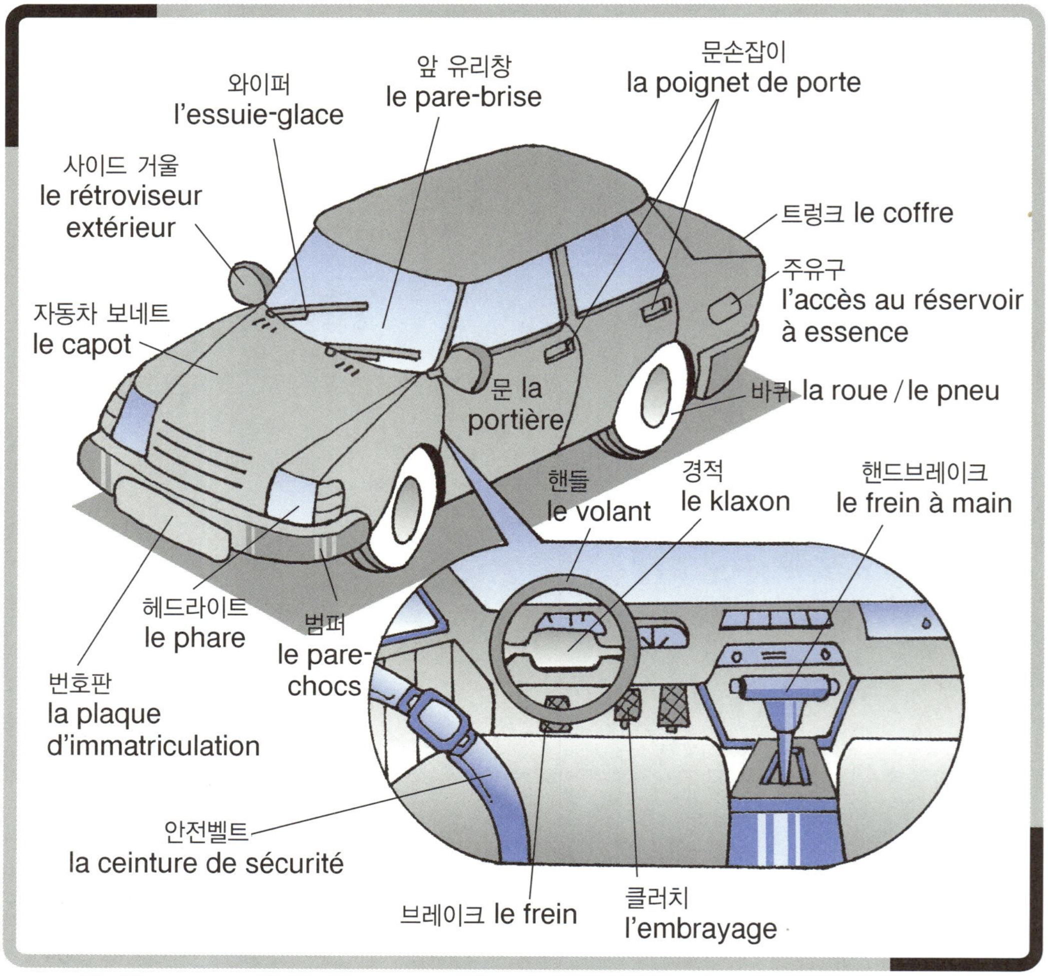

깜빡등 les feux clignotants	열쇠구멍 la serrure
라디오 la radio	모터 le moteur
스페어 타이어 la roue de secours	밧데리 la batterie
냉각장치 le radiateur	백미러 le rétroviseur
에어컨 le climatiseur	머플러 le pot d'échappement
속도계 le compteur de vitesse	휘발유급유펌프 le distributeur d'essence
배수홈(자동차 지붕의) la gouttière	

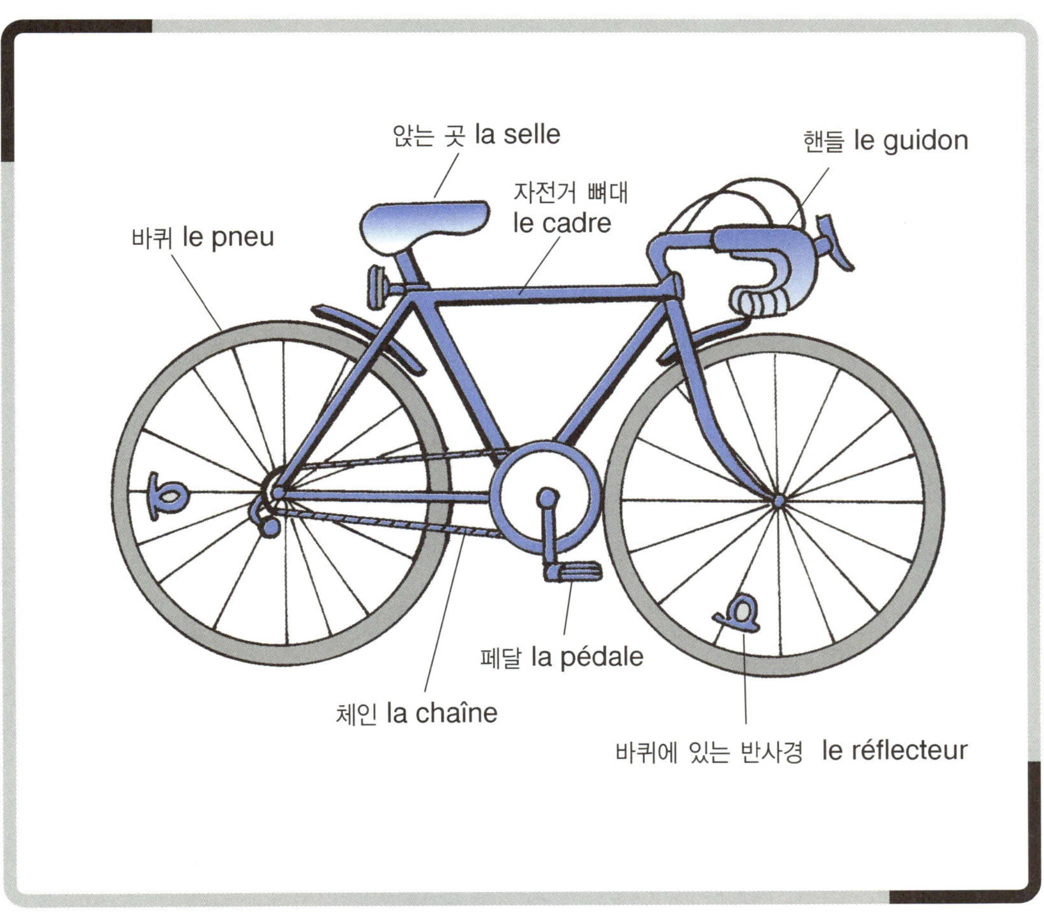

- 교통수단에 따라 '운전하다' 라는 동사가 다르게 사용됩니다.

   On roule la motocyclette(모터사이클), le train(기차)

         l'autobus(버스), le métro(전철)

         le vélo(자전거), le camion(트럭)

         la voiture(자동차)

   On flotte la barque(보트), le cargo(화물선)

         la péniche(큰 수송선), le voilier(범선)

         le bateau(배)

   On vole   l'hélicoptère(헬리콥터), la montgolfière(열기구)

         l'avion(비행기)

- Paul conduit bien(≒mal). C'est un bon(≒mauvais) conducteur.

  (뽈은 운전을 잘(못) 한다. 그는 솜씨좋은(서투른) 운전사이다.)

- Anic a changé de voiture. Il a acheté une voiture d'occasion.

  (아닉은 차를 바꾸었다. 그는 중고차를 샀다.)

- Le conducteur doit attacher sa ceinture de sécurité.

  (운전자는 안전벨트를 메야한다.)

- Pour aller plus vite, on accélère.

  (좀 더 빨리가기 위해서는 엑셀을 밟는다.)

- Pour ralentir, on freine.

  (속도를 늦추기 위해서는 브레이크를 밟는다.)

- Quand la voiture ne marche pas(=la voiture est en panne), on va au garage.

  (자동차가 고장이 나면, 정비소에 간다.)

- C'est un garagiste qui répare la voiture.

  (자동차를 고치는 사람은 정비공이다.)

- On prend de l'essence(du super / du gas-oil) à la station-service.

  (정유소에서 자동차 기름(슈퍼 / 가스오일)을 넣는다.)

- "Le plein, s'il vous plaît!" ("기름 가득 넣어주세요!")

- Pour garer dans la rue, il faut prendre le ticket à l'horodateur.

  (길에 주차하기 위해서는 기계에서 티켓을 끊어야 한다.)

- Sinon on a une contravention de 15 €.

  (그렇지 않으면 15 유로의 벌금을 낸다.)

- Il est dangereux de faire de l'auto-stop.

  (지나가는 자동차에 무료 편승하는 것은 위험하다.)

운전자(les conducteurs)

- le chauffeur de voiture/de car/de taxi (자동차 / 관광버스 / 택시 기사)

- le conducteur de train (기차 운전사)

- le pilote (파일럿트)

- le motard (오토바이 운전자)

대중교통(le moyen de transport public)

- On achète un ticket(ou un carnet de 10 ticket) pour prendre le métro.
  (전철을 타기 위해서는 티켓(10장 묶음 티켓)을 산다.)
- Je prends le métro à la station Bastille.
  (나는 바스티유역에서 전철을 탄다.)
- On monte / descends à Nation ((사람들은) 나씨용역에서 탄다 / 내린다.)
- Ce n'est pas direct. J'ai un changement(une correspondance / Je dois changer)
  à Châtelet. (그것은 직행이 아니다. 나는 샤틀레에서 갈아탄다.)
- On prend un taxi quand on est pressé. (바쁠 때는 택시를 탄다.)
  Et on donne un pourboire au chauffeur de taxi. (그리고 택시 기사에게 팁을 준다.)
- Mon fils va à l'école à pied. (내 아들은 걸어서 학교에 간다.)

자동차 문제점들(Les problèmes de la voiture)

- Il faut remettre de l'huile. (휘발유를 넣어야 한다.)
- Le témoin d'huile s'allume. (기름 표시등이 켜진다.)
- La voiture est tombée en panne. (차가 고장났다.)
- Mon pneu est crevé. (타이어가 터졌다.)
- J'ai besoin d'une roue de secours. (스페어 타이어가 필요하다.)
- Les phares ne s'allument plus. (헤드라이트가 더 이상 안 켜진다.)
- Il faut changer l'ampoule. (전구를 갈아야 한다.)
- Ma voiture ne démarre plus. (차가 시동이 안 걸린다.)
  Il faut recharger la batterie. (베터리를 충전해야 한다.)

차종류

캠핑 트레일러 une caravane	시외버스 / 관광버스 un auto car
트럭 un camion	작은 트럭 une camionnette
세미 트레일러 un semi-remorque	스포츠카 une voiture de sport
오토바이 une moto	이인용 자전거 un tandem

(도로 이외의 어떤 곳이나 달릴 수 있는) 자전거 un VTT(vélo tout terrain)

Ⅰ. 고딕체에 해당되는 단어를 보기에서 찾아 문장을 완성해 보세요.

le permis (de conduire), en, prend, fait du, à l'heure, un plan

(1) Pour conduire en France, il est obligatoire d'avoir __________

(프랑스에서 운전을 하기 위해서는 운전면허증을 소지해야한다.)

(2) A : Tu va au cinéma __________ voiture? (극장에 차로 가세요?)

B : Non je p__________ le __________ (아니요 전철을 탑니다.)

(3) Vincent conduit trop vite. Il __________ 200 kilomètres __________
sur l'autoroute. (뱅쌍은 너무 빨리 달려요. 그는 고속도로에서 시속
200킬로로 달립니다.)

(4) Je voudrais __________ de Paris. (파리 전철노선을 한장 주세요.)

Ⅱ. 다음 질문에 적절히 답해 보세요.

1) - Roland conduit bien?

- Oui, c'est un bon __________

2) - Tu vas au travail comment?

- J'y vais __________ ou __________ , ça dépend.

Ⅲ. 아래의 동사를 넣어 다음의 문장을 완성해 보세요.

accélérer	reculer	couper	freiner

1) On __________ pour avancer plus vite.

2) On __________ pour aller en arrière.

3) On __________ pour ralentir.

4) On __________ le contact quand on s'arrête.

Ⅳ. 빈 곳을 메꾸어 봅시다.

1) On peut acheter un ticket de métro__________

2) Aux heures de __________ il y a beucoup de monde.

3) Aux heures c__________ il n'y a pas beaucoup de monde.

23

기차(Le train) / 버스(Le bus) / 비행기(L'avion)

출발 le départ	도착 l'arrivée	표에 소인을 찍다 composter
완행열차 l'omnibus	대기실 la salle d'attente	기차(칸) le compartiment
침대차 le wagon-lit	종착역 le terminus	침대칸 le wagon avec couchette
플랫포옴 le quai	직행기차 le train direct	식당차 le wagon-restaurant
예약 la réservation	자동개찰기 le composteur	

정보, 예약

우체통

분실물 센터

자동좌석기차

장애인용

대기실

음식점

수하물보관소

케리어

자동수하물보관소

짐부치기

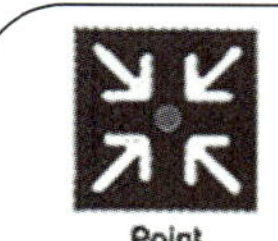

만남의 장소

흡연실

흡연금지

자동개찰기

공중전화

식수

비식수

화장실

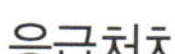

응급처치

 **버스(Le bus)**

- Il faut demander l'arrêt de bus en appuyant sur le bouton.

  (버튼을 눌러, 버스가 멈추도록 요구해야 한다.)

- Jean voudrais prendre le bus. Il attend le 81 à l'arrêt de bus.

  (쟝은 버스를 타려고한다. 그는 버스 정거장에서 81번을 기다린다.)

- Quand le bus arrive, il monte dans le bus.

  (버스가 도착하자, 그는 버스에 올라탄다.)

- Quand on monte dans le bus, on composte son ticket.

  (버스를 탈 때, 티켓을 개찰기계에 넣어 날짜와 시간 소인을 찍는다.)

- Quand il arrive à destination, il descend du bus.

  (목적지에 도달하자, 그는 버스에서 내린다.)

표를 검사하다 contrôler	
차표를 펀치로 찍다 poinçonner	
개찰원 le contrôleur	
티켓 le ticket	
버스정류장 l'arrêt de bus	
티켓 10장 le carnet de ticket	
운전기사 le conducteur	
다음 정거장 le prochain arrêt	

 **비행기(L'avion)**

- On prend l'avion à l'aéroport.

  (비행기는 비행장에서 탄다.)

- Pour aller à Rome, je prends l'avion à l'aéroport de Roissy-Charles-de -
  Gaulle.

  (로마에 가기 위해 나는 루아씨 드 샤를 드골 공항에서 비행기를 탄다.)

• J'ai un billet pour le vol Air France 007 de Paris à Séoul.

  (나는 파리발 서울행의 007편 에어프랑스 티켓이 있다.)

• Si on arrive en retard à l'aéroport, on rate l'avion.

  (비행장에 늦게 도착하면, 비행기를 놓친다.)

화장실 les toilettes	사용중(화장실) occupé
비어있음(화장실) libre	비행기 티켓 un billet d'avion
착륙하다 attérrir	공항 l'aéroport
비행 le vol	조종사 le pilote
신고하다 déclarer	세금 le taxe
세관 la douane	세관원 le douanier
여권 le passeport	비자 le visa
출구 la sortie	입구 l'entrée
비행기 조종사 le pilote	비행기를 타다 prendre l'avion
비행기를 놓치다 rater l'avion	시차 le décalage horaire
시차에 적응하다 s'adapter au décalage horaire	
시차에 고생하다 souffrir du décalage horaire	
비행기 승무원 la hôtesse de l'air / le steward(la stewardess)	
공항에 마중 나가다 aller accueillir qn à l'aéroport	

Ⅰ. 관련되는 것 끼리 연결시켜 보세요.

(1) On prend l'avion •   • à la gare

(2) On prend le bus •   • à l'arrêt

(3) On prend le bateau •   • à la station

(4) prend le métro •   • au port

(5) On prend le train •   • à l'aéroport

Ⅱ. 다음은 역에서 기차 표를 사는 대화입니다. 완성해보세요.

(1) Bonjour, madame, je voudrais un _________ Paris-Lyon, s'il vous plaît.

(2) Oui, monsieur, vous voulez partir à _____ jour et à _____ heure?

(3) Jeudi 20, _____ 15 heures.

(4) _________ quelle _____________?

(5) Fumeur ou _____________________?

Ⅲ. 비행과 관련된 다음의 단어들을 넣어 문장을 완성해 보자.

L'équipage	les passagers	décoller	atterrir

(1) L'avion _________ d'une piste de décollage.

(2) L'avion _________ sur une piste d'atterrissage.

(3) _________ font enregistrer ses bagages.

(4) _________, ce sont les personnes qui travaille dans un avion.

휴가 / 여행 (Les vacances / le tourisme)

- J'aurai / Je prendrai des vacances dans une semaine.

  (일주일 후면 난 휴가다.)

- Je vais partir en voyage en France / à l'étranger.

  (나는 프랑스로 / 외국으로 여행을 떠날것이다.)

- Avant de partir, je demande des renseignements à une agence de voyage.

  (떠나기 전에 여행사에 정보를 물어본다.)

- On a besoin d'un visa pour un séjour de plus de trois mois en France.

  (프랑스에 3개월 이상 머무르기 위해서는 비자가 필요하다.)

- Je fais(défais) mes valises / mes bagages.

  (나는 가방을 / 짐을 싼다.(풀다))

여행가방 un sac de voyage	배낭 un sac à dos
핸드캐어 un bagage à main	주로 배에 차는 여행용 가방 un sacoche
트렁크 une valise	잠수 안경 les lunettes de plongée
호수 le lac	비치볼 le ballon de plage
파도 la vague	썬크림 la crème solaire
수상스키 le ski nautique	써핑보드 la planche à surf
구명 튜브 la bouée de secours	잠수부 le plongeur
일사병 le coup de soleil	잠수부 튜브 호흡관 le tuba
구명조끼 le gilet de secours	침낭 le sac de couchage
파도 la vague	공기 매트리스 le matelas pneumatique
바위 le rocher	

- Quand on arrive à Paris, on peut demander un plan de Paris à la gare ou au guichet de métro.

  (파리에 도착하면 기차역이나 전철역에서 파리지도를 요구할 수 있다.)

세계 지도(전국 / 지방 지도) la carte du monde(du pays / de la région)
(도시의 / 전철) 지도 le plan de la ville / du métro

- Je passe mes vacances à la mer / à la montagne / à la campange / à l'étranger.

  (그는 바다에서 / 산에서 / 전원에서 / 외국에서 휴가를 보낸다.)

- En été, à la plage, avant de prendre des bains de soleil, mettez-vous de la crème solaire.

  (여름에 해변가에서는 썬텐을 하기 전에 썬크림을 바르세요.)

- Pendant que Michèle se baigne, les enfants jouent dans le sable.

  (미쉘이 수영하는 동안, 아이들은 모래밭에서 놉니다.)

- En hiver, pour faire du ski, on part aux sports d'hiver à la montagne.

  (겨울에는 스키를 타기 위해 산으로 겨울스포츠 여행을 떠납니다.)

- Il est bon skieur et il choisit les pistes noires.

  (그는 스키를 잘 타서 검은색 트랙을 탑니다.)

- C'est amusant de prendre les remontées mécaniques.

  (리프트를 타는 게 재미있어요.)

- Pour les vacances je préfère camper.

  (휴가 때 나는 캠핑하는 것을 더 좋아한다.)

- J'ai une tente et une caravane.

  (나는 텐트와 캠핑 트레일러가 있다.)

- On fait du camping? - Tu as un sac de couchage?

  (우리 캠핑할까? – 침낭 가지고 있어?)

- J'ai voyagé en auto-stop(à pied / à vélo / en voiture) en France.

  (나는 프랑스에서 무료 편승으로 (걸어서 / 자전거로 / 자동차로) 여행했다.)

Ⅰ. __________________________에 적절한 어휘를 넣어보세요.

> **correspondance   l'auto-stop   défaire**
> **développer   faire**

(1) J'ai raté ma __________________

(2) Il faut __________________ les photos.

(3) Je dois __________________ les valises.

(4) __________________ du camping ne coûte pas très cher.

(5) Il fait de __________________ Il n'a ni argent ni voiture.

Ⅱ. 공통으로 들어갈 동사를 찾아보고 각 표현의 의미를 알아봅시다.

(1)__________un bain de soleil (2) __________ un coup de soleil

(3)__________ l'avion (4)__________ des médicaments

Ⅲ. Comment dire et comment faire?

> **a)Il faut porter des bouées. b)Bonnes vacances! c)Il va dans**
> **une auberge de jeunesse. d)Allez à l'Office du tourisme.**

(1) Quelqu'un part en vacances.

(2) Je ne sais pas nager.

(3) Il n'a pas assez d'argent pour aller à l'hôtel.

(4) Je voudrais quelques brochures et dépliants touristiques.

호텔(L'hôtel)

사장 un directeur	호텔지배인 le chef d'hôtel
벨보이 un groom	포터 un porteur
방청소부 une femme de chambre	엘리베이터보이 un liftier
수위 un concierge	비상구 la sortie de secours
체크인 l'inscription	숙박부 le registre de l'hôtel
1인실 une chambre pour une personne	체크아웃 la vérification

2인실 une chambre pour deux personnes	에어콘 le climatiseur
룸서비스 le service de chambre	팁 le pourboire
모닝콜 l'appel de matin	목욕가운 le peignoir
수건 la serviette	히터 le chauffage
비누 le savon	호텔경영자 l'hôtelier(ère)

- Je voudrais une chambre, s'il vous plaît.

  (방을 하나 구하고 있습니다.)

- Je voudrais confirmer. (확인하고 싶습니다.)

- J'ai fait la réservation. (예약을 했습니다.)

- Vous avez une chambre libre ce soir?

  (오늘 저녁 방 하나 있습니까?)

- Je vais régler la note. (숙박료를 지불하겠습니다.)

- Un lit supplémentaire pour un bébé, s'il vous plaît.

  (추가로 아기용 침대하나 더 주세요.)

- On peut ajouter un lit? (침대를 추가할 수 있나요?)

- Pouvez-vous me donner une autre couverture, S.V.P.?

  (담요 하나 더 주시겠습니까?)

- Est-ce que je peux utiliser votre fax?

  (팩스 이용할 수 있습니까?)

- Pouvez-vous me montrer la chambre?

  (방을 보여 주실 수 있습니까?)

- Pour combien de jours (de nuit)? (몇 일 계실겁니까?)

- Pour deux jours = Pour une nuit. (일박이요.)

- Je vais rester 3 nuits. (3일 머물겠습니다.)

- Pour combien de personnes? (몇 분이 계실겁니까?)

- Pour deux personnes. (두 사람이요.)

- Remplissez le registre de séjour, S.V.P.

  (숙박부를 기록해 주세요.)

- À quelle heure est le petit déjeuner / le déjeuner / le dîner?

  (아침은 / 점심은 / 저녁은 몇시에 먹습니까?)

- Où servez-vous le petit déjeuner?

  (아침식사는 어디에서 먹을 수 있나요?)

- Le petit déjeuner est compris? (아침식사는 포함되어 있습니까?)

- Je peux servir la chambre, maintenant?

  (지금 방을 사용할 수 있습니까?)

- Cette chambre me plaît beaucoup. (방이 아주 마음에 듭니다.)

- L'hôtel est complet. (호텔이 만원입니다.)

- Je voudrais parler au chef d'hôtel.

  (호텔 지배인과 얘기하고 싶습니다.)

- Je voudrais une chambre en bonne vue. (전망 좋은 방을 주세요.)

- Je prends cette chambre. (이 방으로 하겠습니다.)

- Voilà la clef de la chambre 125. (125호실 방 열쇠입니다.)

- La clé ne fonctionne pas. (열쇠가 열리지 않아요.)

- J'ai perdu la clé. (열쇠를 잃어 버렸어요.)

- Les toilettes sont en pannes. (화장실이 고장났습니다.)

- Pourriez-vous me réveiller à 6 heures du matin, S.V.P.?

  (6시에 모닝콜 부탁합니다.)

- On doit quitter jusqu 'à l'heure? (몇 시까지 체크아웃 해야 합니까?)

- C'est combien au total? (전부 얼마입니까?)

Exercices

Ⅰ. 호텔 옆방 문에 다음과 같은 종이가 걸려있습니다. 무슨 뜻일까요?

(1) | PRIERE DE NE PAS DERANGER |

(2) | PRIERE DE FAIRE LA CHAMBRE |

Ⅱ. 호텔 시설에 문제가 생겼네요. 해당어휘를 찾아 말해보세요.

(1) 더운 물이 안나와요. Il n'y a pas ＿＿＿＿＿＿＿＿

(2) 에어콘/난방이 고장이예요. ＿＿＿＿＿＿＿＿ est en panne.

(3) 침대가 더러워요. ＿＿＿＿＿＿＿＿est sale.

(4) 추워요. 이불 하나만 가져다 주세요. Il fait froid. ＿＿＿＿＿＿＿ s.v.p.

(5) 화장지가 없어요. Il n'y a plus de ＿＿＿＿＿＿

(6) 수도가 새요. .＿＿＿＿＿＿＿ goutte.

(7) 식당이 어딘가요? Où se trouve ＿＿＿＿＿＿＿?

Il surfe sur Internet. (그는 인터넷을 하고 있다.)

Il joue aux jeux sur l'ordinateur. (그는 컴퓨터에서 게임을 하고 있다.)

Il tchatche aussi sur Internet. (그는 인터넷에서 채팅도 한다.)

소켓 la prise de courant	커서 le curseur
스캐너 le scanneur	하드 디스크 le disque dur
그래픽카드 la carte graphique	CD 라이터 le graveur de CD-Rom
레이저 프린터 l'imprimante laser	잉크젯 프린터 l'imprimante à jet d'encre
토너 le toner	비디오 카드 la carte vidéo
네트워크 카드 la carte réseau	연장코드(익스텐션 코드) la rallonge
프로세서 le processeur	CD 드라이브 le lecteur de CD-Rom

게시판 un forum

윈도우 une fenêtre

브라우저 un logiciel de navigation

사운드카드 la carte audio

북마크 un signet

서버 un serveur

인터넷 사용자 internaute = cybernaute

인터넷 Internet

모뎀 le modem

메일주소 l'adresse du mèl

웹 사이트 un site (de la toile, sur la toile)

해커 un pirate

질문방 une foire aux questions (FAQ.)

채팅 Tchatche

홈페이지 un page d'accueil

소프트웨어 le logiciel

서핑하다 naviguer(surfer)

문자 texto

댓글 le commentaire

악플 le malveillant(le commentaire méchant)

도메인 시스템 un systeme d'adressage par domaines

월드 와이드 웹(World Wide Web.) une toile d'araignee mondiale ou, ellipt.,
toile mondiale, toile

www : trois w.	_ : tiret bas
@ : arobase	/ : slash, barre oblique
· : point	, : virgule
– : tiret	' : apostrophe.
ll : deux L	모두 붙여서 : tout attaché
대문자 A : A majuscule	소문자 a : a minuscule / petit a

- On branche l'ordinateur. (컴퓨터 전원을 연결시킨다.)

- On allume l'ordinateur. (컴퓨터를 켠다.)

- On introduit une disquette dans l'ordinateur.

  (디스켓을 컴퓨터에 넣는다.)

- On ouvre (= / ferme) un fichier. (파일을 연다(닫는다))

- On saisit le texte et on l'enregistre, puis on l'imprime.

  (텍스트를 선택하여 입력하고 인쇄한다.)

- Il faut sauvegarder (저장해야 한다.)

- On éteint l'ordinateur. (컴퓨터를 끈다.)

- On débranche l'ordinateur. (컴퓨터 전원을 끈다.)

- Vous savez vous servir des logiciels? (프로그램을 다룰 줄 아시나요?)

  - Je ne connais que le traitement de texte. (워드 작업만 할 줄 아는데요.)

- Nicole est informaticien. (니꼴은 컴퓨터엔지니어이다.)

- Vous travaillez sur l'informatique?

  (컴퓨터 관련 일을 하시나요?)

- Maintenant la plupart des entreprises sont informatisées.

  (이제는 대부분의 회사가 컴퓨터화 되어 있다.)

- Paul passe le temps à surfer Internet tous les jours.

  (뽈은 매일 인터넷을 하며 시간을 보낸다.)

- Quel est ton courier électronique? / du mél

  (이메일 주소가 뭐예요?)

- Si tu a quelque chose à me dire, tu peux m'envoyer un courrier

  électronique. (= un mél = un courriel)

  (내게 할 말이 있으면 이메일로 보내도 되요.)

- Frédéric a une télévision et un magnétoscope. Il regarde des cassettes

  vidéo le week-end.

  (프레데릭은 텔레비젼과 비디오를 가지고 있다. 주말에 그는 비디오테이프를 본다.)

- Il aime bien acheter un lecteur de DVD.

  (그는 DVD 플레이어를 아주 사고 싶어한다.)

- L'ordinateur s'est planté.

  (컴퓨터가 다운됐어요.)

Ⅰ. 아래 작업을 위해 필요한 기구들을 배치해 보세요.

> **une imprimante   un magnétophone   un magnétoscope**
> **un ordinateur   une chaîne-hifi**

(1) Pour regarder une cassette vidéo, il faut _____________________

(2) Pour écouter une cassette audio, il faut _____________________

(3) Pour imprimer un document, il faut _____________________

(4) Pour envoyer un E-mail, il faut _____________________

(5) Pour écouter un disque compact, il faut _____________________

Ⅱ. 공통으로 들어갈 동사를 찾아 _____________________ 에 넣어 보세요.

- J'_____________ la télévision pour la regarder.

- Il faut _____________ l'ordinateur pour travailler sur Internet.

- Mon portable est toujours _____________

Ⅲ. 컴퓨터와 관련된 해당 어휘를 찾아 보세요.

(1) Quand vous oubliez de _____________ votre travail sur
l'ordinateur, vous perderez tout.

(2) _____________ désigne tout ce qui est en relation avec

l'ordinateur.

(3) Voilà mon adresse _____________. Tu peux m'envoyer un
E-mail quand tu veux.

전화 (Le téléphone)

Ça sonne.
(전화벨이 울린다.)

On décroche. On répond.
(수화기를 들고 대답한다.)

On compose le numéro.
(전화번호를 누른다.)

On raccroche.
(수화기를 내려놓는다.)

수화기 le combiné	전화버튼 la touche
핸드폰 le portable	자동응답기 le répondeur automatique
요금 le tarif	전화카드 la télécarte
전화번호부 l'annuaire	발신음 la tonalité
전화박스 la cabine téléphonique	내선 la ligne
메시지 le message	긴급 통화 l'appel urgent
교환원 la standardiste	국가번호 le code du pays

일 드 프랑스 île de France 01	북서쪽 Nord-ouest 02
북동쪽 Nord-est 03	남동쪽 Sud-est 04
남서쪽 Sud- ouest 05	

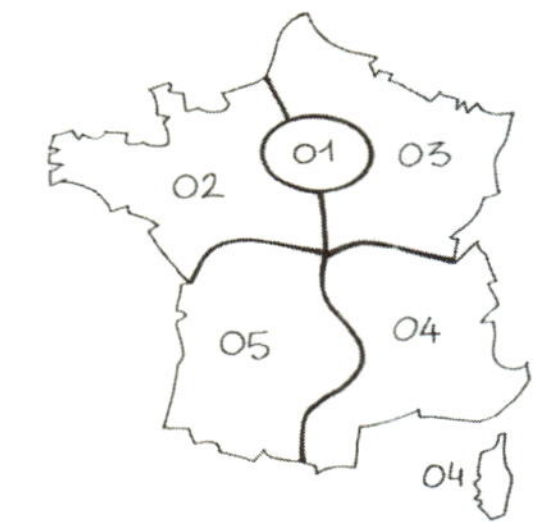

- La ligne est occupée. (= ça sonne occupé) (통화중이다.)

- M. Dupont est en ligne. (뒤퐁씨는 통화중입니다.)

- Allô, c'est Alex (à l'appareil). (여보세요, 알렉스인데요.)

- bip··· bip··· bip··· (뚜··· 뚜··· 뚜···)

- Je voudrais parler à Jean. (쟝하고 통화하고 싶습니다.)

- Jean est là? (쟝 있어요?) / • C'est moi. (저예요.)

- Bonjour madame. Vous pourriez me passer M.Bouchard, s'il vous plaît?

  (안녕하세요, 부인. 부샤르씨를 바꾸어 주시겠어요?)

- Je suis désolé(e), il n'est pas là. (미안합니다만 그는 여기 없는데요.)

- Je voudrais faire un appel international. (국제 전화를 하고 싶습니다.)

- Je voudrais faire un appel en P.C.V. (콜렉트콜로 하고 싶습니다.)

- Pourriez-vous me passer une personne qui peut parler en coréen, S.V.P.?

  (한국어 가능하신 분 좀 부탁합니다.)

- Appelez plus tard, S.V.P. (나중에 전화해 주세요.)

- Pourriez-vous lui dire qu'il me téléphone, S.V.P.?

  (제게 전화해 달라고 그에게 전해 주시겠어요?)

- Vous voulez laisser un message? (메세지를 남기시겠습니까?)

- Je peux prendre un message? (제가 메세지를 받아 놓을까요?)

- Société Cofran, bonjour? (코프랑회사입니다. 안녕하세요?)

- Qui est à l'appareil? / C'est de la part de qui? (누구신가요?)

- C'est Marie Laurent à l'appareil. / C'est de la part de Marie Laurent.

  (마리 로랑입니다.)

- J'entends mal. (잘 안들려요.)

- Ne coupez pas / Ne quittez pas / Attendez un instant / Je vous le passe.

  (끊지 마세요. / 잠깐만 기다리세요. / (그를) 바꿔드릴께요.)

- Parlez un peu lentement, S.V.P. (천천히 말씀해 주세요.)

- Parlez plus fort, s.v.p. (더 크게 말씀해 주세요.)

- La communication est mauvaise. (통화상태가 나쁩니다.)

- Quel numéro avez-vous fait? (몇 번에 거셨나요?)

- Vous faites erreur / Vous vous êtes trompé / Vous avez fait un mauvais numéro.

  (잘못 거셨어요.)

- Excusez-moi, je me suis trompé(e) de numéro.

  (죄송합니다. 제가 번호를 잘못 알았네요.)

- Je te rappelle plus tard. (나중에 다시 전화할께요.)

- Merci de votre appel. (전화해 주셔서 감사합니다.)

- Il n'y a pas d'abonné au numéro demandé.

  (지금 거신 번호는 없는 번호입니다.)

- Où se trouve la cabine téléphonique? (공중전화는 어디에 있습니까?)

 **응답기(le répondeur)**

Bonjour, vous êtes bien au 01 43 03 17 93. Nous sommes absents pour le moment. Après le signal sonore, laissez-nous un message et vos coordonnées. Nous vous rappellerons dès que possible. Merci, à bientôt.

 **주요 전화번호(les numéros importants)**

- le 12 - les renseignements (전화번호안내)

- le 13 - les dérangements (전화고장신고)

- le 14 - l'agence de France Télécom. (전화국)

- le 15 - Le S.A.M.U. (응급 치료 센터)

- le 17 - La Police (경찰)

- le 18 - Les pompiers (소방서)

Ⅰ. 적절한 어휘를 넣어보세요.

sur	fixe	éteint	allume	éteindre

(1) Nous vous demandons d'_____ vos portables pendant le concert.

(2) Tu me laisse un message _____ mon répondeur.

(3) Ton mobile est toujours _____?

　　　- Non, il est souvent _____. Ça me gêne s'il sonne n'importe où.

(4) Tu peux me joindre _____ mon portable.

Ⅱ. 한국말에 해당하는 프랑스 어를 연결시켜 봅시다.

(1) 전화카드 주세요. •　　　　　　　• ⓐ La télécarte, s'il vous plaît.

(2) 전화부스가 어디입니까? •　　　　　• ⓑ Où est la cabine téléphonique?

(3) 전화번호가 몇 번이세요? •　　　　• ⓒ Quel est votre numéro de téléphone?

(4) 팩스 전화는 몇 번인가요? •　　　• ⓓ Quel est votre numéro de fax?

(5) 응답기를 작동시켜놓으세요 •　　　• ⓔ Mettez en marche votre répondeur.

(6) 전화번호부 책을 보세요. •　　　　• ⓕ Consultez l'annuaire.

(7) 전화번호 서비스에 알아보세요. •　　• ⓖ Vous appelez les renseignements.

(8) 응답기에 메세지가 있네요. •　　　• ⓗ Il y a des messages au répondeur.

(9) 내일 전화하자. •　　　　　　　• ⓘ On se téléphone demain.

(10) 전화 가입했어요. •　　　　　　• ⓙ Je me suis abonné au téléphone.

Ⅲ. 다음 설명에 해당하는 단어를 찾아보세요.

(1) Liste des abonnés au téléphone : un a _______________ .

(2) Note de la somme à payer pour les appels téléphonique : une

　　　f_______________ effectuée.

J'ai chaud.
(덥다.)

J'ai froid.
(춥다.)

J'ai faim.
(배고프다.)

Je suis déçu.
(실망스럽다.)

J'ai le moral.
(기분좋다.)

Je suis fâchée.
(화난다.)

Je suis triste.
(슬프다.)

Je pleure.
(울고있다.)

Je ris.
(웃고있다.)

Je m'en fous!
(알게 뭐람!) 될대로 되라지!

J'ai soif.
(목마르다.)

Je suis fatigué.
(피곤하다.)

- Je suis content(e) / heureux(se) d'être à Paris.

  (파리에 있게되서 기뻐요.)

- J'ai le moral.=Je suis de bon poil=Je suis de bon humeur.=Je me sens très

  bien.=Je suis fou(folle) de joie! (기분이 좋아요!)

- Bravo!=Chapeau!=Super!=Génial! (부라보! 신난다!)

- J'ai le moral à zéro.= Je suis de mauvais poil. = Je suis de mauvaise humeur.=Je me sens mal à l'aise.=Je suis indisposé(e). (기분이 나빠요.)

- Hélas! (이런! 저런!)

- Je suis triste=Je me sens triste. (슬프다.)

- J'ai le cafard.=Je n'ai pas le moral (우울하다.)

- Elle a beaucoup de chagrin. (그녀는 몹시 슬프다.)

- Elle pleure. (그녀는 울고있다.)

- J'ai envie de pleurer. (울고 싶어.)

- Je suis désolé(e) (d'être en retard). ((늦어서) 미안합니다.)

- Je m'excuse.=Excusez-moi. (죄송합니다.)

- Oh pardon! (아, 죄송해요!)

- Je ne l'ai pas fait exprès. (고의가 아니었어요.)

- Ça me casse les pieds /la tête! (골치아프군. 귀찮아.)

- Je suis à cran. (미치겠네!)

- Je suis dans une situation très difficile.

  (저는 아주 어려운 상황에 처해 있어요.)

- Il est fatigant. (그는 피곤한(피곤하게 하는) 사람이야.)

- Tout m'ennuie. (만사가 귀찮다.)

- C'est une tâche ennuyeuse. (귀찮은 일이다.)

- C'est vraiment embêtant! (정말 귀찮아. 짜증나.)

화날 때

- Je suis furieux(se). =Je suis en colère. (화났어.)

- Ça(Tu) m'énerve! (그것이 (네가) 신경질나게 만드는 구나!)

- Je n'y tiens plus. /C'est insupportable! (참을 수가 없다.)

- Ça suffit maintenant! (이제 그만 해(요)!)

- Tu exagère! /C'est trop fort! (좀 심하네(요))

- J'en ai marre=J'en ai ras le bol=J'en ai assez! (이제 지긋지긋 해!)

- Espèce d'imbécile /d'idiot! (바보같으니!)

- Calmez-vous! /Du calme! (진정하세요.)

- Ne te fâche pas comme ça. (그렇게 화내지 마(요).)

- Il s'est vexé. =Il s'est froissé. (그는 기분이 상했다.)

Ⅰ. A와 B를 연결시켜 봅시다.

(1) T'as vu l'heure? Je t'ai
    attendu une demie-heure!   •

(2) Garçon! je n'ai pas de
    couteau!   •

(3) C'est un travail fatigant.   •

(4) Qu'est-ce qu'il y a? Tu as   •
    l'air triste!

(5) Je me suis disputée avec   •
    mon mari ce matin.

(6) Tu va partir en voyage en   •
    Europe?

(7) Ta voiture est vraiment   •
    chic!

• (a) Ça te casse les pieds, alors!

• (b) Oh, je suis vraiment
    désolé(e).

• (c) Tu as le moral à zéro,
    alors!

• (d) J'ai le cafard aujourd'hui.

• (e) Oui je suis vraiement
    contente!

• (f) Ne vous fâchez pas
    monsieur, je vous
    l'apporte.

• (g) Ben, je suis très content de
    ma nouvelle voiture.

감정(Sentiment) – Ⅱ

J'ai peur.
(나는 무서워요.)

Je suis inquiet.
(나는 걱정이 돼요.)

Oh. Mon dieu.
(오, 세상에.)

Je déteste la viande.
(나는 고기를 싫어해요.)

J'adore le gâteau!
(나는 케이크를 아주 좋아해요.)

Oh là là Quelle surprise!
(어머나! 정말 놀라와요!)

- J'ai peur. = J'ai la trouille / la frousse. (무서워요.)
- C'est épouvantable. (끔찍하다.)
- Je t'ai fait peur? (내가 무섭게 / 놀라게 했나요?)

- Je m'inquiète. (걱정된다.)
- Que dois-je faire? / Comment faire! (어떻게 하지!)
- Ne vous en faites pas! / Ne t'en fais pas! (걱정하지 마세요.)

- Ça m'étonne! / Ça me surprend! / C'est étonnant! Quelle surprise!

  (놀라워라!)

- Quel dommage! / C'est dommage!

  (유감이네요! / 안됐네요.)
- Mon(Ma) pauvre! (저런 딱해라.)
- Oh là là! (어머나 저런!)
- Tu n'a vraiment pas de chance!

  (정말 운이 없군요!)

- On repart à zéro. (처음부터 다시 시작하자.)
- On fait table rase. (없었던 걸로 하자.)
- On passe l'éponge! (잊어버리자.)

- Ça m'est égale. (상관없어(내겐 마찬가지야))
- C'est pas mon rayon. / Ça ne me concerne pas / Ça ne me regarde pas! (내겐 상관없는 일이다.)
- C'est votre affaire. / Ça vous concerne. (당신 일이잖아요.)
- Tant pis! (할 수 없지 뭐.)
- Je m'en fous! (될대로 되라지!)

- C'est incroyable! (믿을 수 없어!)
- Tu plaisantes / Tu rigoles! (농담이지!)
- Ce n'est pas possible! (설마, 그럴리가!)

- Je suis rassuré(e). / Ça me rassure. / (안심이네요.)
- Tant mieux! (다행이네!)

격려할 때

- Bonne chance! (행운을 빌어요!)
- Bon courage! (열심히 하세요!(힘 내요!))

조의를 표할 때 / 축하할 때

- Toutes mes condoléances! (조의를 표합니다!)
- De toutes mes félicitations! (축하해요!)

좋아하다 / 싫어하다

- J'aime le café. / Marie / travailler.

  (나는 커피를 / 마리를 / 일하는 것을 좋아한다.)
- J'adore le foot / mes amis / chanter.

  (나는 축구를 / 친구를 / 노래하는 것을 아주 좋아한다.)

> - aimer / adorer+명사 / 동사원형 : ~을 좋아하다 / ~을 아주 좋아하다
> - avoir horreur de+명사 / 동사원형 : ~을 싫어하다
> - détester+명사 / 동사 : ~을 싫어하다

- Je déteste le fromage / les enfants / attendre.

  (나는 치즈를 / 아이들을 / 기다리는 것을 싫어한다.)
- J'ai horreur du travail / des hommes / de danser.

  (나는 일을 / 사람을 / 춤추는 것을 정말 싫어한다.)

I. A와 B를 연결시켜 보세요.

(1) Demain je passe mon permis.

(2) Je vais me marier le 21 décembre.

(3) Mon père est mort le mois dernier.

(4) Je ne sais pas comment faire!

(5) Le train est déjà parti.

(6) Il est guéri.

(7) Ce n'est pas si grave.

(8) J'aime la rose.

(9) Il téléphone toujours à minuit.

(a) Bonne chance!

(b) De mes condoléances!

(c) Ne t'en fais pas.

(d) Tant pis.

(e) Je suis rassuré.

(f) De toutes mes félicitations!

(g) Tant mieux!

(h) C'est pas possible.

(i) Ah bon! moi aussi.

가족(La famille)

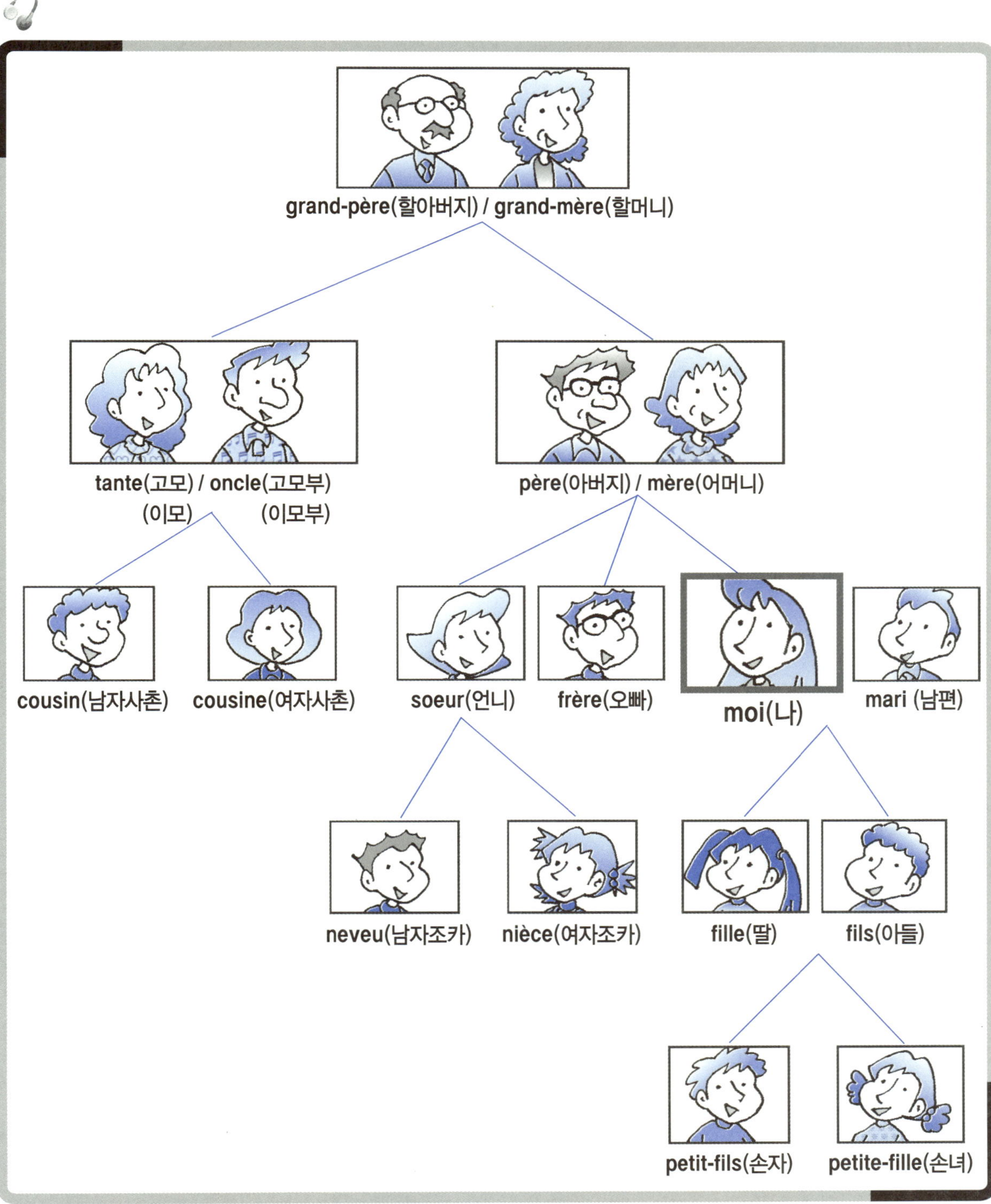

mari (남편)	↔	femme (아내)
beau-père (시아버지)	↔	belle-mère (시어머니)
beau-frère (매형, 장남)	↔	belle-soeur (처제, 시누이, 형수)
gendre (사위)	↔	belle-fille, bru (며느리)

Remarques:

beau-père, belle-mère / belle-soeur / beau-frère는 재혼(remariage)에 의한 의붓아버지, 의붓어머니, 의붓자매, 의붓형제를 나타내기도 한다.

나이의 변화에 따른 표현

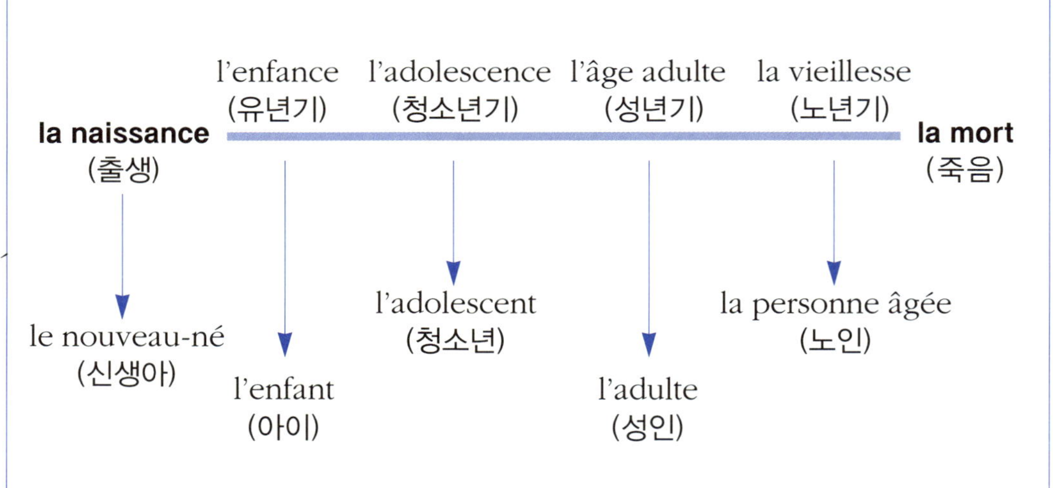

Remarques:

enfant(아이)과 adulte(어른)는 남성과 여성이 모두 같은 형태를 취하고 성수는 관사로 표시된다 ; <u>un</u> enfant, <u>une</u> enfant / <u>un</u> adulte, <u>une</u> adulte

I. 다음의 설명을 보고, 아래 그림의 적당한 자리에 이름을 넣으시오.

- Léa a 3 enfants.

- Camille a un frère et une soeur.

- Marie est la fille de Thomas.

- Camille est la petite-fille de Mathilde.

- Gérard est le grand-père d' Emma.

- Laure est la belle-fille de Mathilde.

- Frédéric est l'oncle de Damien.

- Thomas est le beau-frère de Frédéric.

- Marie et Camille sont soeurs.

- Damien est le cousin d'Emma.

- Laure et Frédéric ont une seule fille.

- Mathilde est la belle-mère de Thomas.

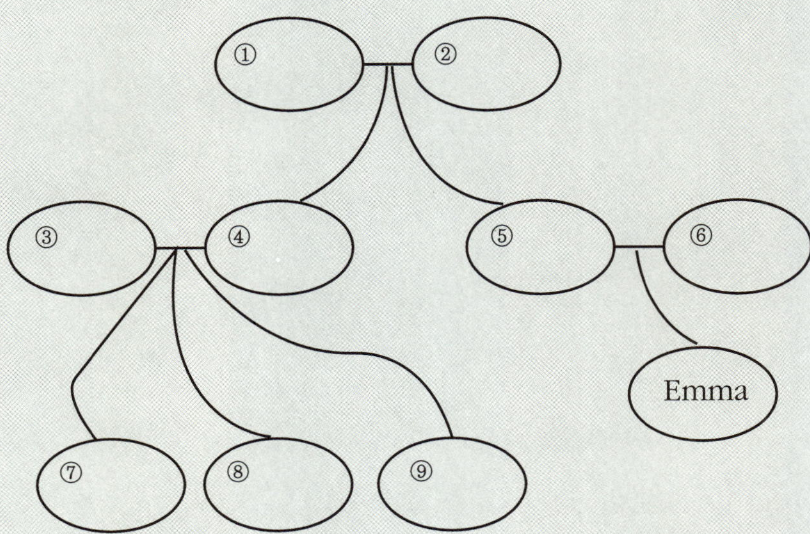

31 동물(Les animaux)

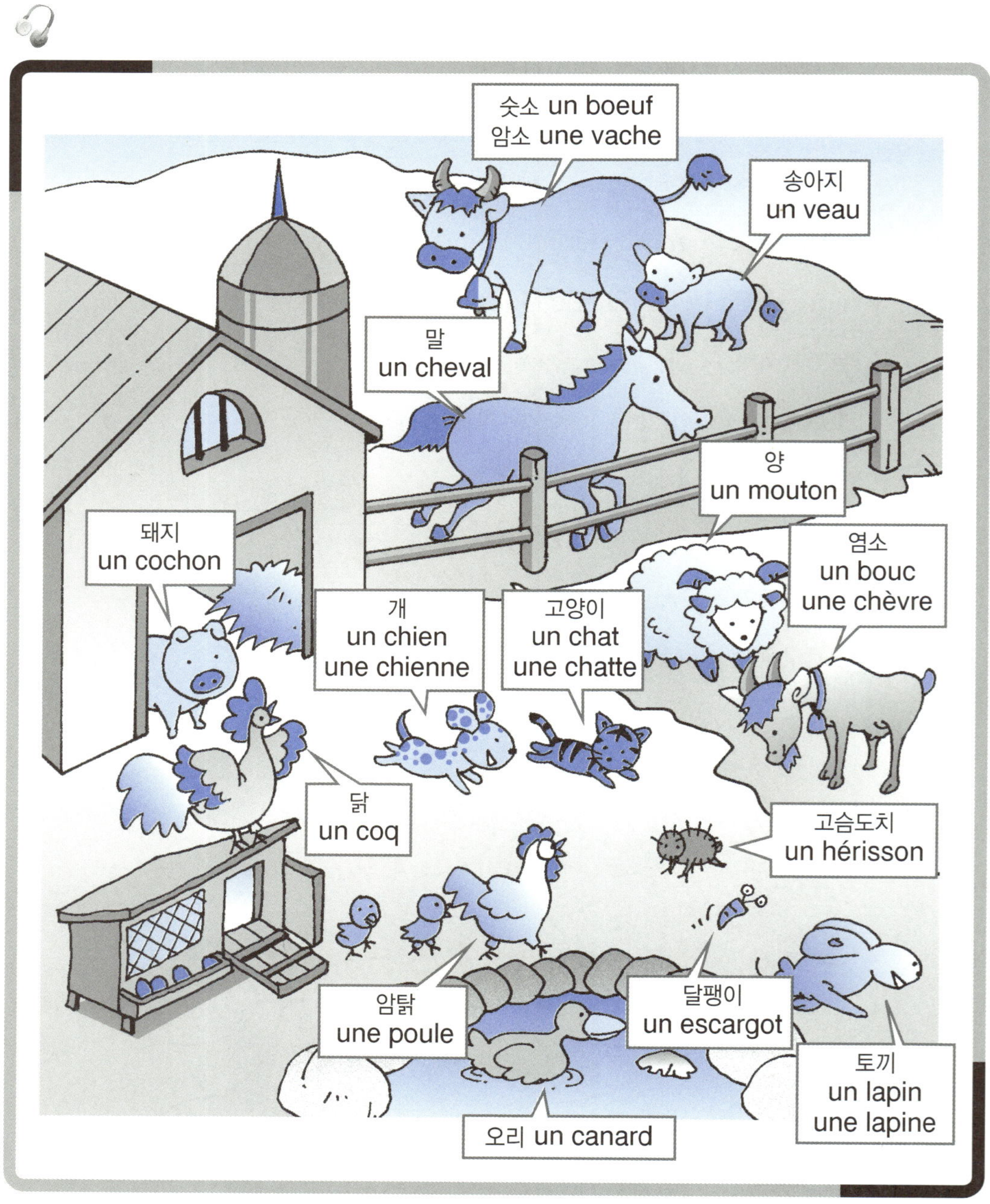

칠면조 un dindon, une dinde	거위 une oie	숫양 un bélier	암양 une brebis
거북이 une tortue	당나귀 un âne	어린양 un agneau	생쥐 une souris
까마귀 un corbeau	개구리 une grenouille		동물 un animal

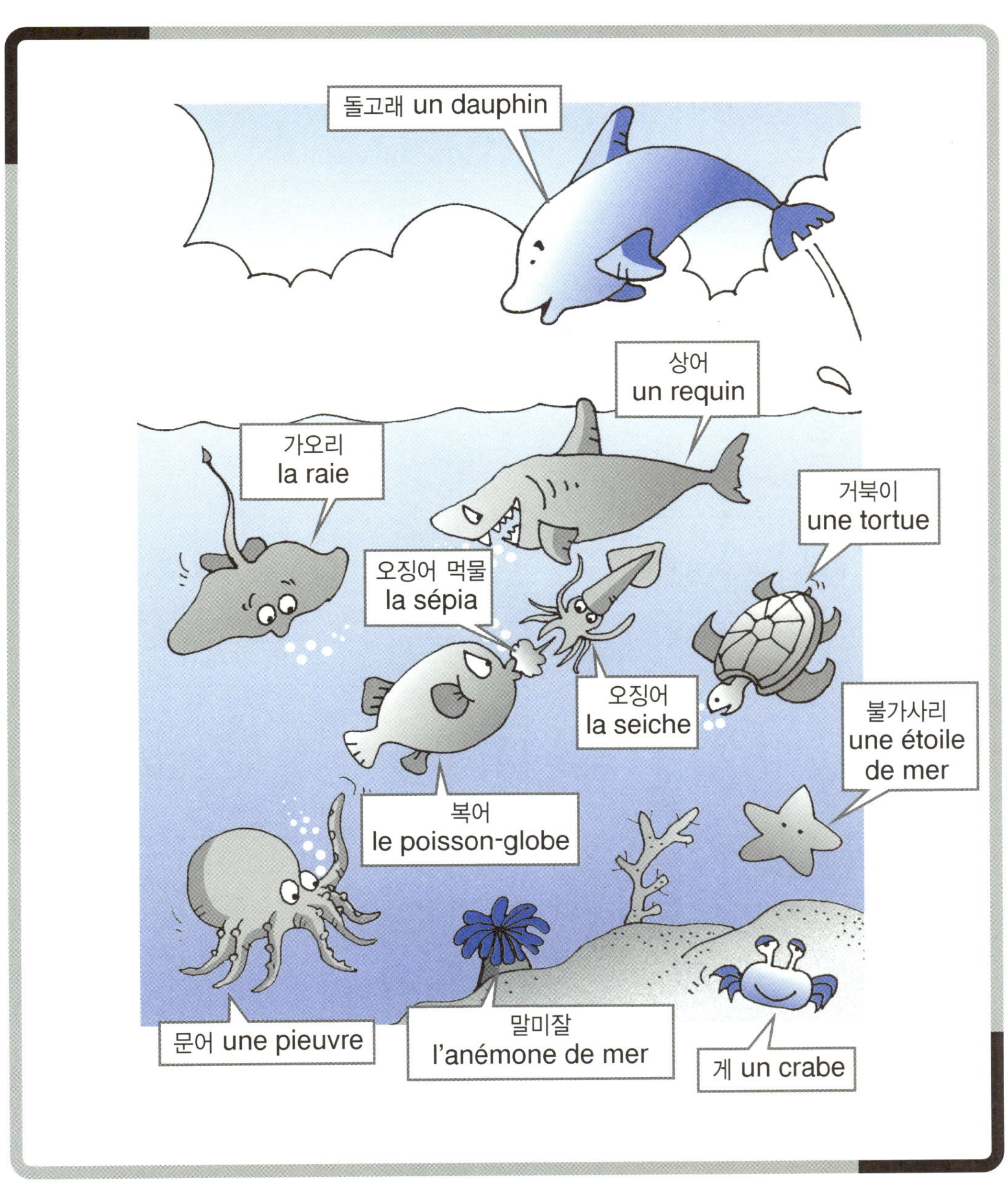

굴 une huître	홍합 une moule
연어 un saumon	참치 un thon
새우 une crevette	바다가재 un homard
펭귄 un pingouin	대구 un merlan
고래 une balaine	가자미 la sole

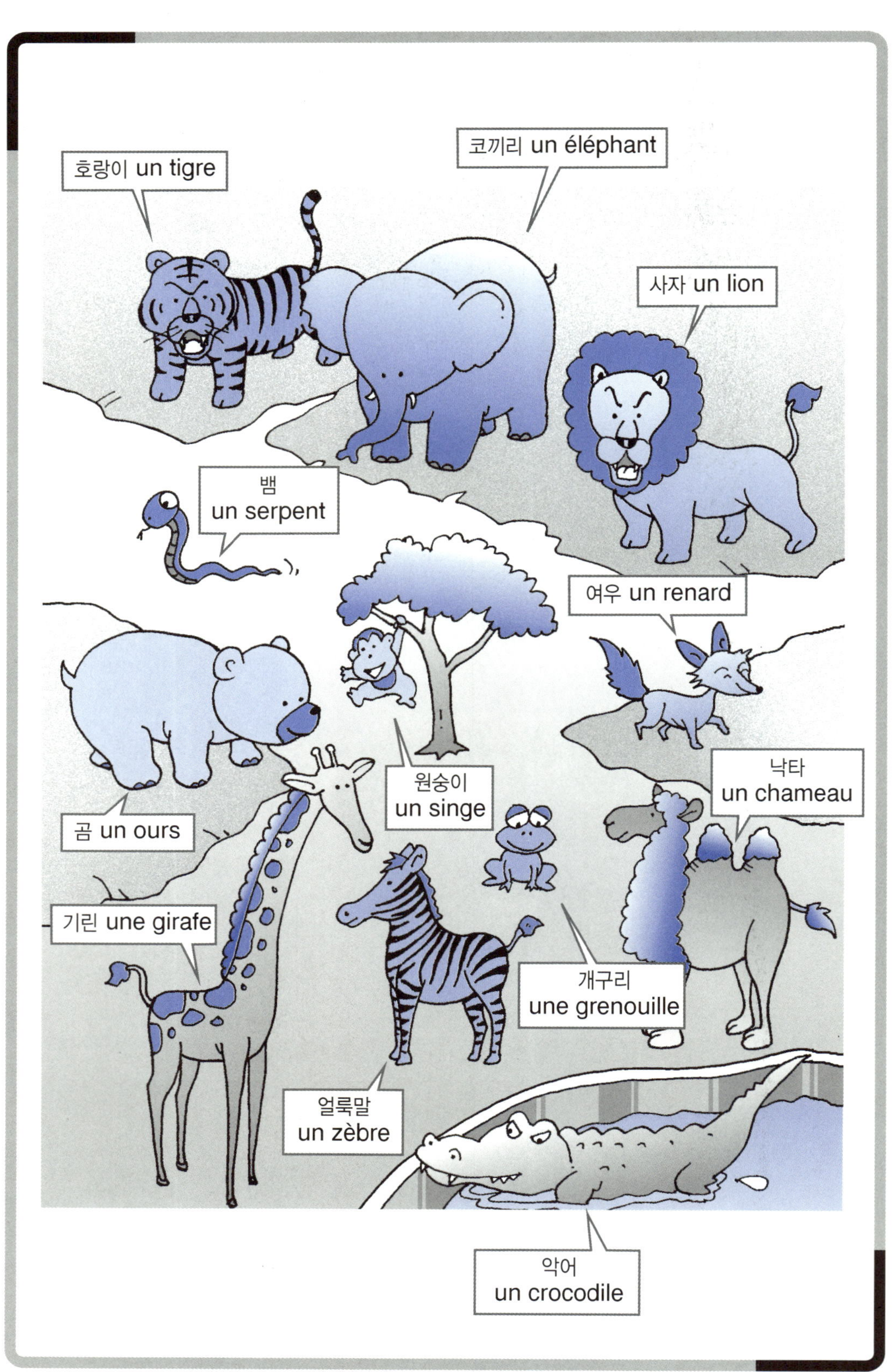
호랑이 un tigre
코끼리 un éléphant
사자 un lion
뱀 un serpent
여우 un renard
곰 un ours
원숭이 un singe
낙타 un chameau
기린 une girafe
얼룩말 un zèbre
개구리 une grenouille
악어 un crocodile

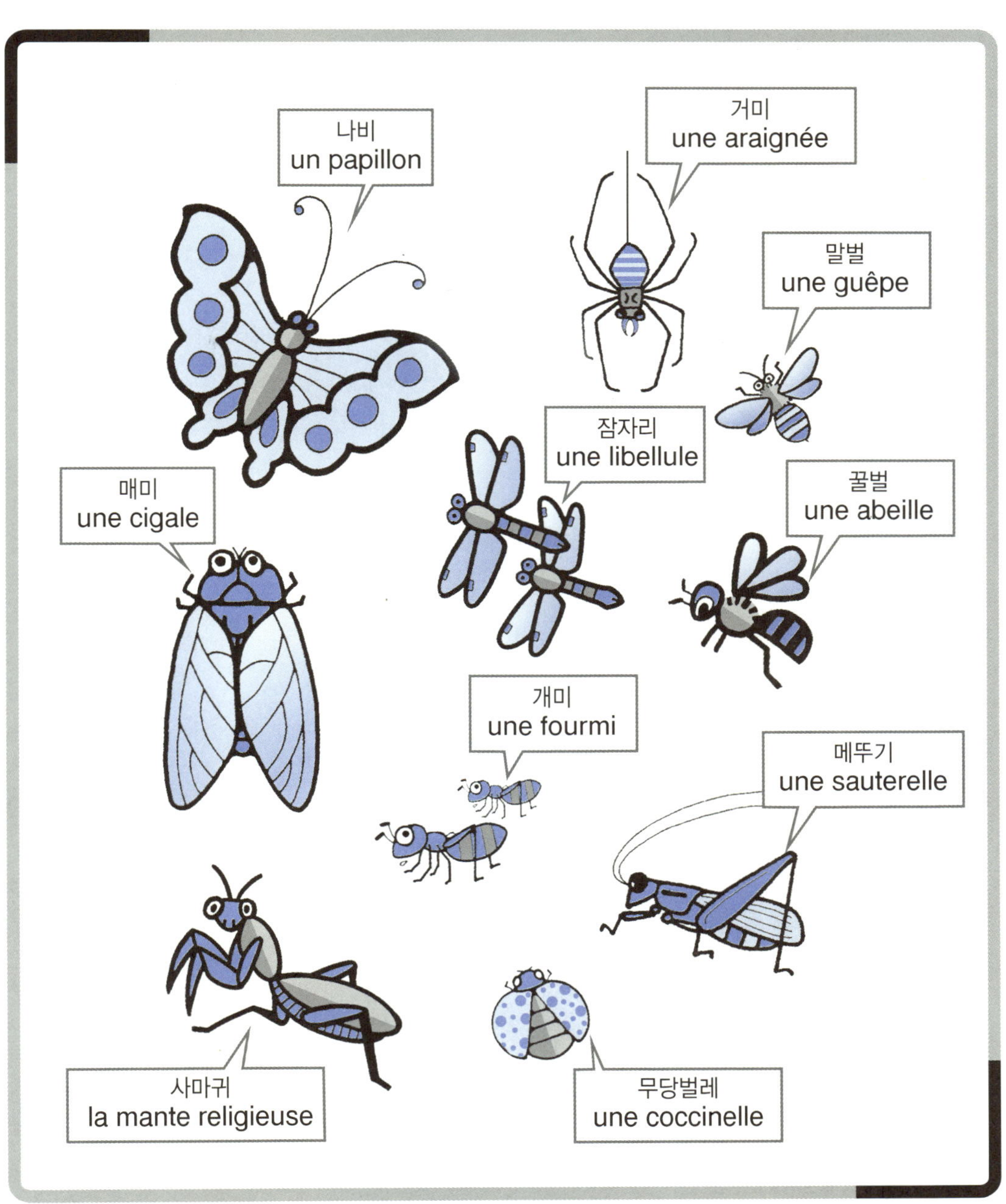

모기 une moustique	파리 une mouche
곤충 un insecte	벌레 un ver
바퀴벌레 un cafard	나방 un papillon nocturne
애벌레 une chenille	고치 un cocon / 누에 cocon de ver à soie
풍뎅이 un hanneton	반딧불 un ver luisant

- l'hirondelle (제비) – 봄의 새 (l'oiseau du printemps)
- le pigeon (비둘기) – 도시의 새 (l'oiseau des villes)
- la mouette (갈매기) – 바다의 새 (l'oiseau de la mer)
- le corbeau (까마귀) – 검은 새 (l'oiseau noir)
- la colombe (산비둘기) – 순수와 평화의 상징 (le symbole de la pureté et de la paix)
- le perroquet (앵무새) – 말하는 새 (l'oiseau qui parle)
- l'aigle (독수리) – 힘의 상징 (le symbole de la puissance)
- le rossignol (꾀꼬리) – 노래하는 새 (l'oiseau chanteur)

Exercices

Ⅰ. 설명에 맞는 동물을 적으시오.

(1) Il a des rayures sur le dos. → ___________

(2) Il peut traverser le désert sans boire. → ___________

(3) C'est l'animal qui ressemble le plus à l'homme. → ___________

(4) Il est gris, grand, gras et gros ; il a de grandes oreilles. → ___________

(5) C'est l'oiseau qui répète les paroles des hommes → ___________

Ⅱ. 연결하시오.

(1) le lapin •   • ⓐ aimer le miel

(2) le poisson d'avril •   • ⓑ aboyer

(3) l'escargot •   • ⓒ le premier avril

(4) le chien •   • ⓓ aimer les carottes

(5) l'ours •   • ⓔ avancer très lentement

식물(Les végétaux)

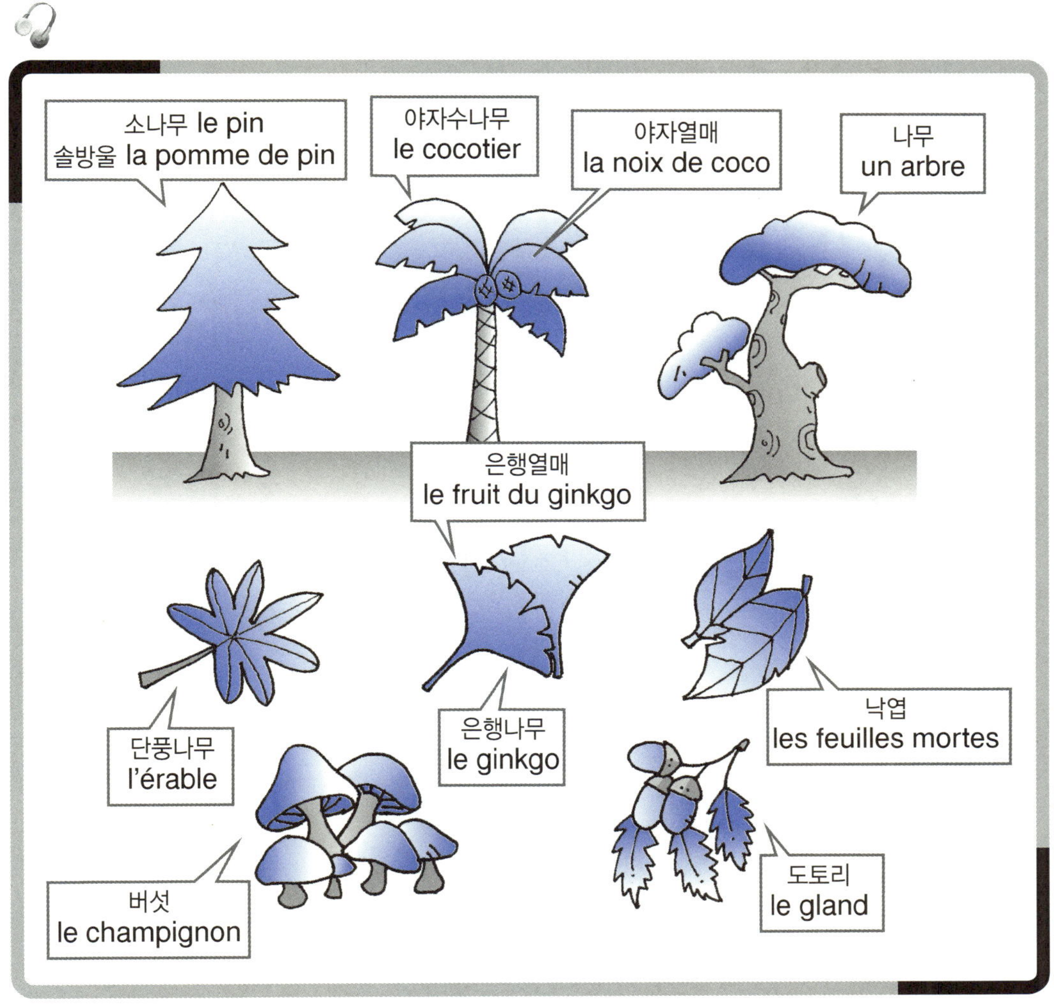

나뭇잎 la feuille	나무 가지 la branche	기둥 le tronc
뿌리 la racine	줄기 la tige	전나무 le sapin
느릅나무 l'orme	바오밥 나무 le baobab	솔방울 les pommes de pin
너도밤나무 le hêtre	보리수 le tilleul	월계수 le laurier
떡갈나무 le chêne	플라타나스 le platane	포플라 le peuplier
버드나무 le saule	밤나무 le marronier, le châtaignier	
밤 le marron, la châtaigne		

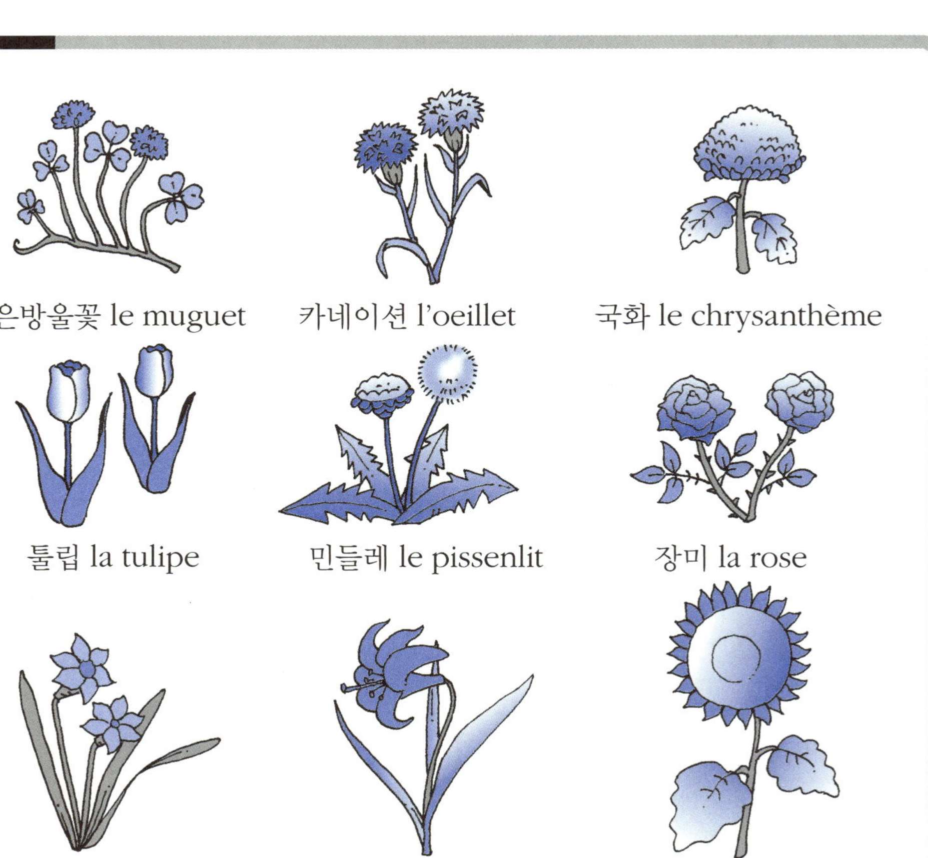

데이지 la marguerite	제라늄 le géranium	라일락 le lilas
수국 l'hortensia	수련 le nymphéa	무궁화 l'hibiscus
동백 le camélia	개나리 le forsythia	진달래 l'azalée
목련 le magnolia	코스모스 le cosmos	나팔꽃 le volubilis
난초 l'orchidée	꽃잎 le pétale	화분 le pot de fleurs
꽃다발 un bouquet	잔디 la pelouse=le gazon	

- Les fleurs sont en bouton. 꽃 봉오리가 생기다.
- La graine germe. 씨앗이 싹트다.
- La tige monte. 줄기가 올라온다.
- Le fruit grossit. 열매가 커진다.

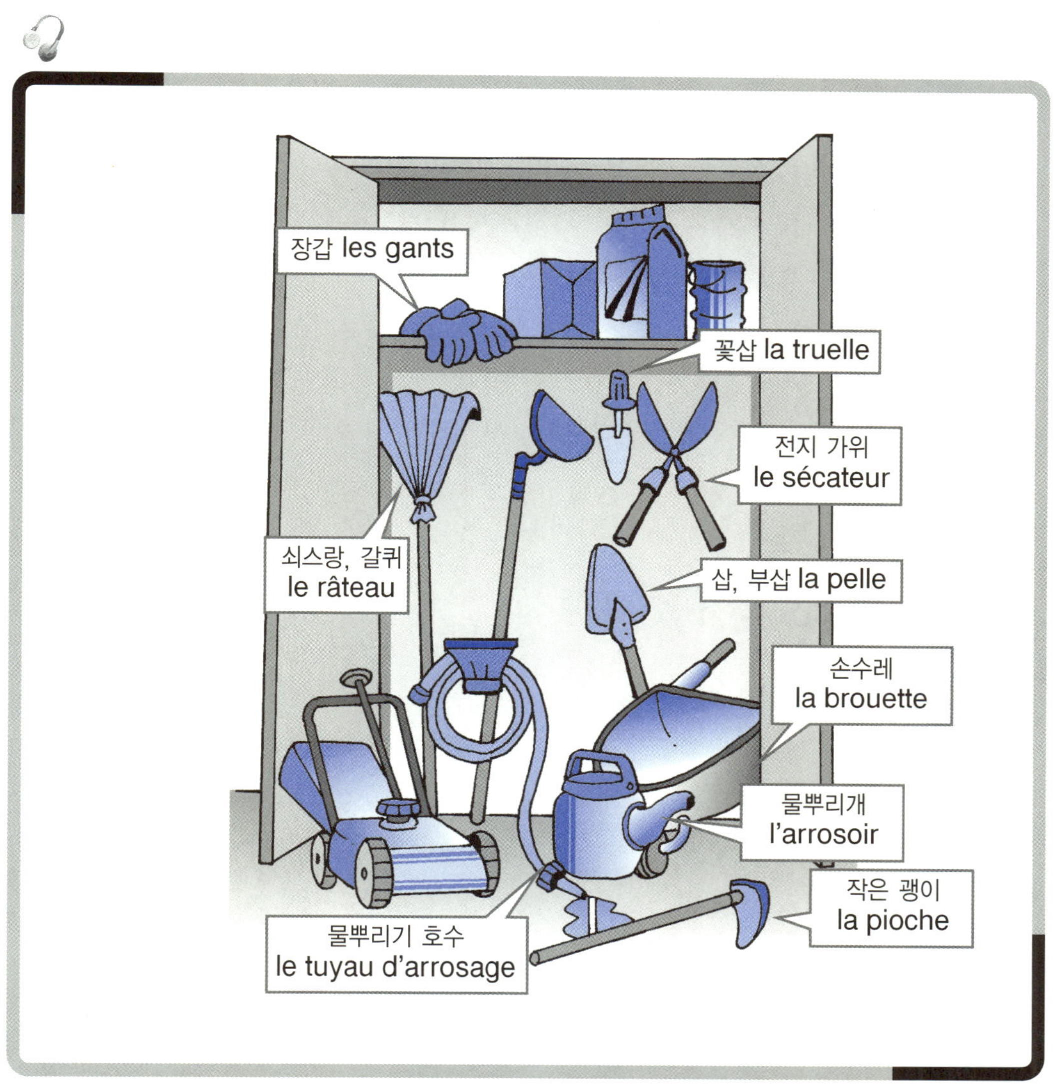

연장통 une boîte à outil	목공일 le bricolage	정원일 le jardinage
가래 la bêche	연장 l'outil (집합) l'outillage	망치 le marteau
톱 la scie	손전등 la lampe de poche	밧줄 la corde
붓, 솔 le pinceau	드라이버 le tournevis	곡갱이 la pioche
빗자루 le balai	못 le clou	집게 la pince
파리채 la tapette	쓰레기통 la poubelle	대패 le rabot
소화기 l'extincteur	집게 la pince	송곳 le poinçon
가위 les ciseaux	줄자 le mètro (à ruban)	낫 la faucille

쓰레받기 la pelle à poussière / la pelle à ordures

- La rose (장미) – 사랑의 상징 (le symbole de l'amour)
- Le muguet (은방울꽃) – 행복의 상징(le symbol du bonheur)
  : 전통적으로 5월 1일 노동자의 날(le premier mai)에 프랑스에서는 연인에게 이 꽃을 선물한다.
- Le chrysanthème (국화) – 죽음의 꽃(la fleur des morts)
  : 만성절(Toussant)에 묘지에 이 꽃을 놓는다.

Exercices

Ⅰ. 다음을 순서대로 나열하시오.

____

a. Les roses poussent.

b. Les roses se fanent.

c. Le jardinier cueille les roses et fait un bouquet.

d. Les roses fleurissent.

e. Le jardinier plante des roses.

f. Le jardinier arrose les roses.

Ⅱ. 연결하시오.

(1) un tuyau •　　　　　　　　　• ⓐ protéger

(2) un sécateur •　　　　　　　　• ⓑ arroser

(3) des gants •　　　　　　　　　• ⓒ creuser

(4) une bêche •　　　　　　　　　• ⓓ tailler

(5) une brouette •　　　　　　　　• ⓔ transporter

(6) une binette •　　　　　　　　　• ⓕ désherber

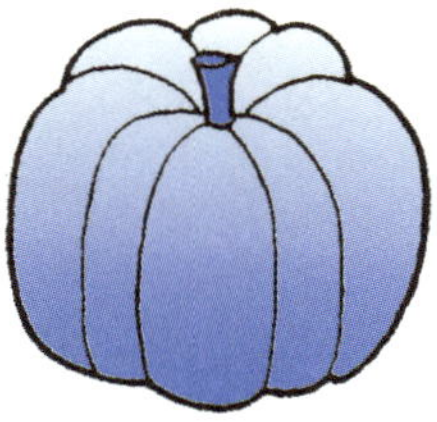

늙은 호박 la citrouille	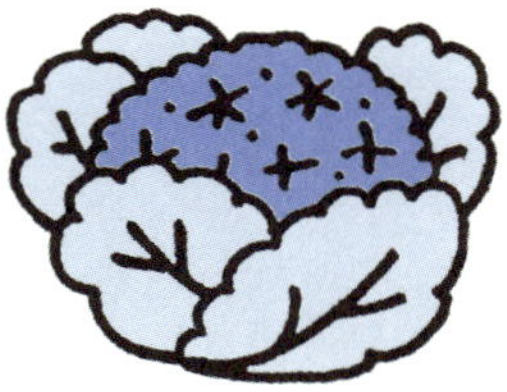 양배추 le chou	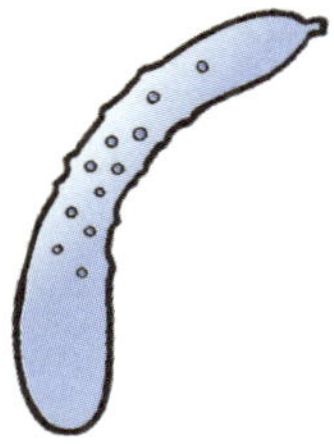 오이 le concombre
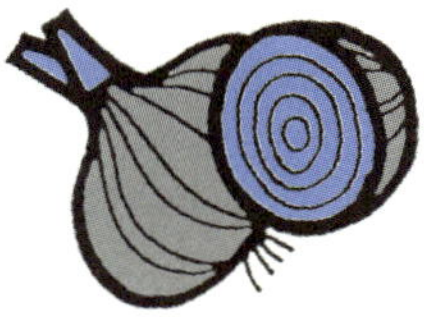 양파 l'oignon	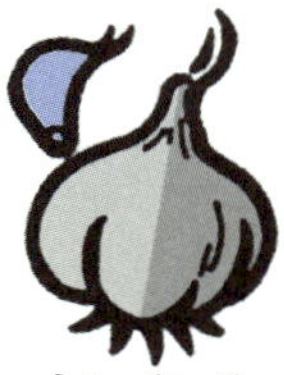 마늘 l'ail	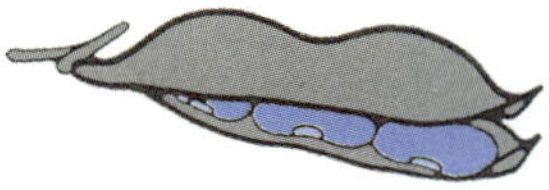 강낭콩 le haricot
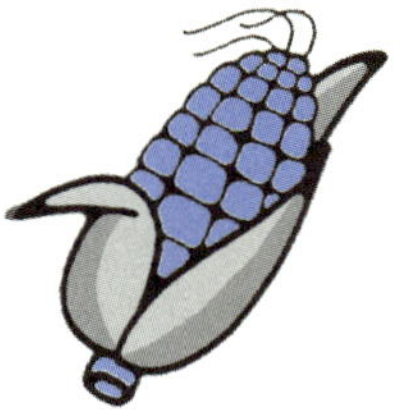 옥수수 le maïs	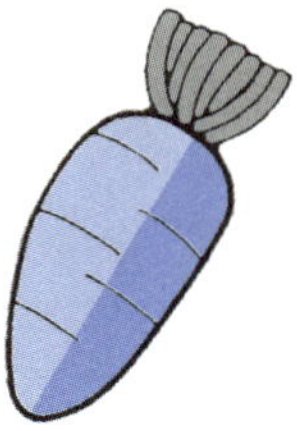 당근 la carotte	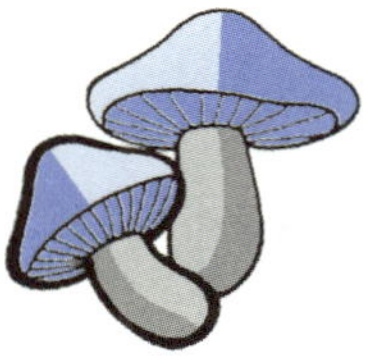 버섯 le champignon
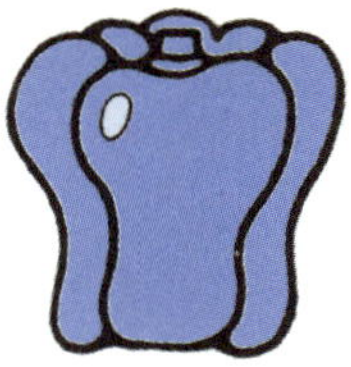 피망 Le poivron	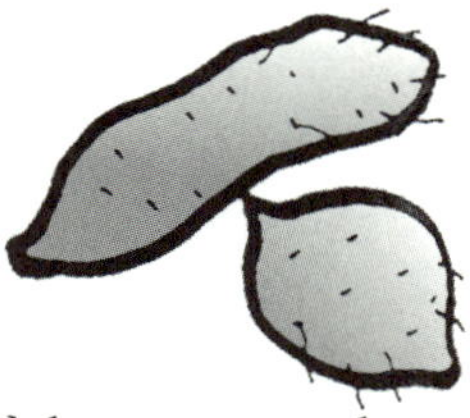 감자 la pomme de terre	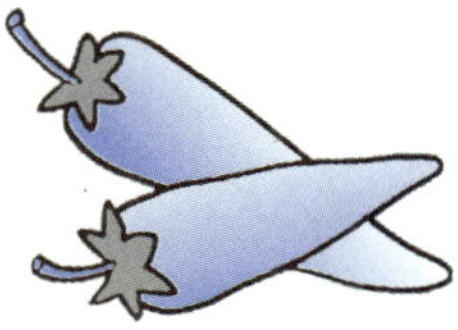 고추 le piment
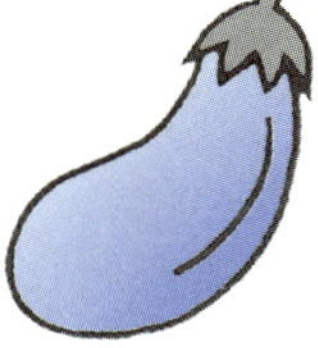 가지 l'aubergine	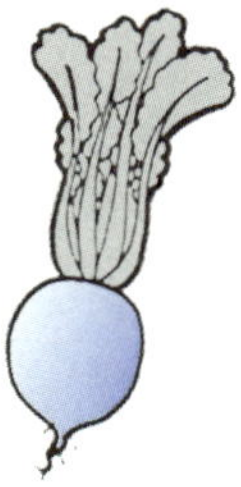 붉은 무 le navet rouge	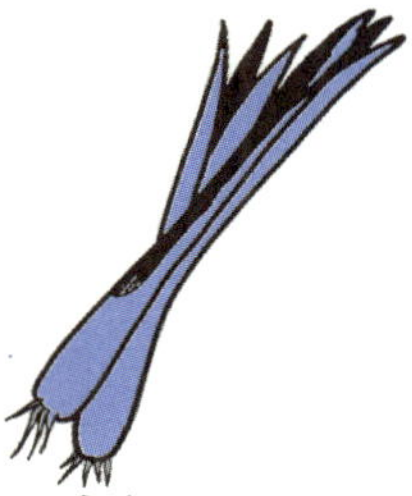 파 le poireau

무 le navet	샐러리 le célerie	완두콩 le petit pois
칠리 le chili	상치 la laitue	아보카도 l'avocat
브로콜리 le brocoli	밤 la châtaigne	배추 le chou chinois
시금치 les épinard	토마토 la tomates	근대 la bette
패퍼로니 le peperoni	기다란 호박 la courgette	

조미료나 향신료

샐비어 la sauge	회향풀 l'aneth doux	백리향 le thym
계피 la cannelle	박하 la menthe	생강 la gingembre
마요라나 l'origan	파슬리 le persil	로즈마리 le romarin
식초 le vinaigre	사프란 le safran	겨자 la moutarde
후추 le poivre	오일 l'huile	소금 le sel
설탕 le sucre		

견과류

땅콩 la cacahouète	호두 la noix
북미산 호두, 피칸 la noix de pécan	잣 le pignon
헤이즐넛 la noisette	코코넛 la noix de coco
피스타치오 la pistache	아몬드 l'amande
해바라기 씨 les graines de tournesol	

Ⅰ. 다음 빈 칸을 채우시오.

⑤
p
④
① p m n
② n v t d
h
③ b g

Ⅱ. 연결하시오.

(1) Le lapin •
(2) La Blanche neige •
(3) Popeyes •
(4) La Cendrillon •
(5) L'ours •

• ⓐ les citrouilles
• ⓑ les épinards
• ⓒ l'ail
• ⓓ les carottes
• ⓔ la pomme

Ⅲ. 영화제목이기도 한 다음 요리를 만들기 위해 아래의 야채를 사용합니다.

la R _ _ _ _ _ _ _ _ _ L L _

la tomate / l'oignon / l'ail / la carotte /
la courgette / le poivron

과일 (Les fruits)

딸기 la fraise

사과 la pomme

바나나 la banane

감 le kaki

버찌 la cerise

참외 le melon jaune

복숭아 la pêche

파인애플 l'ananas

포도 le raisin

석류 la grenade

메론 le melon

수박 la pastèque

산딸기 la framboise	자두 la prune	배 la poire
살구 l'abricot	오렌지 l'orange	레몬 le citron
오디 la mûre	무화과 la figue	키위 le kiwi
자몽 le pamplemousse	망고 la mangue	밀감 la mandarine

과일(les fruits) 과 과일나무(les arbres fruitiers)

- la pomme (사과) – le pommier (사과나무)
- la poire (배) – le poirier (배나무)
- l'olive (올리브) – l'olivier (올리브나무)
- la noix (호두) – le noyer (호두나무)
- le pamplemousse (자몽) – le pamplemoussier (자몽나무)
- la pêche (복숭아) – le pêcher (복숭아 나무)
- la cerise (버찌) – le cerisier (버찌나무)
- le raisin (포도) – la vigne (포도나무)
- la figue (무화과) – le figuier (무화과 나무)

일반적으로 나무는 남성형(**masculin**)이고 열매는 여성형(**féminin**)

Exercices

Ⅰ. 다음을 완성하시오.

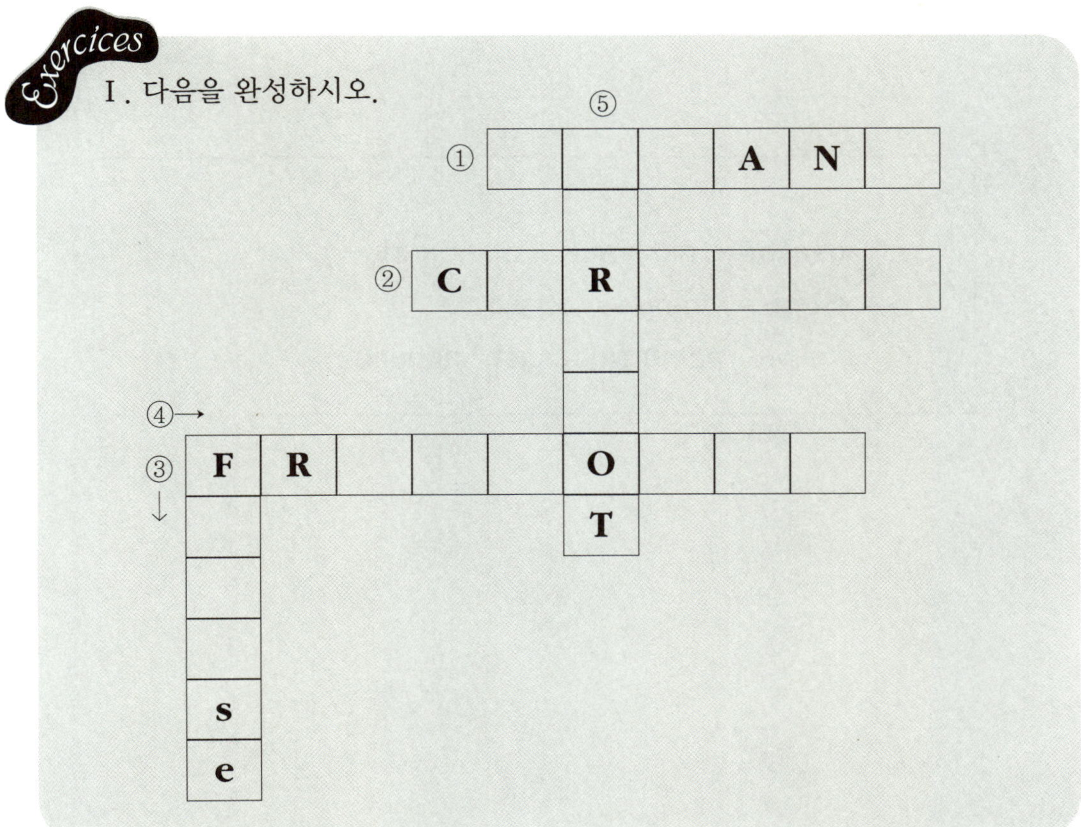

Ⅱ. 다음의 빈 칸을 채우시오.

(1) Le figuier donne des ___________.

(2) Le ___________ donne des poires.

(3) Le pommier donne des ___________.

Ⅲ. 보기의 각 과일들을 색깔별로 분류해 봅시다.

<table>
<tr><td>(1) jaune</td><td>(2) orange</td><td>(3) rouge</td></tr>
<tr><td></td><td></td><td></td></tr>
</table>

|보기|

banane – pastèque – mandarine

citron – orange – cerise

fraise – pamplemousse – annanas

자연과 자연 재해 (La nature et les catastrophes naturelles)

바위 le rocher	파도 la vague	연안, 해안 la côte
부두 le port	해변, 바닷가 la plage	잔잔한 바다 la mer d'huile
조수 la marée	연수 l'eau douce	강 la rivière
호수 le lac	도시의 하안 la rive	염수 l'eau salée(l'eau de la mer)

고도 l'altitude

언덕 la pente

급류 le torrent

오두막 le chalet / la cabane

평원 la plaine

작은 언덕 la butte

몽마르트언덕
    la butte de Montmartre

풀밭, 초원 la prairie

구릉 la colline

작은 마을, 촌 le hameau

마을 le bourg

동네, 지역
    le quartier

평원 la prairie

시골, 전원
    la compagne
    la province

홍수 une inondation	눈사태 une avalanche
태풍 un typhon	활화산 un volcan en éruption
산불 une incendie de forêt	폭풍우 un orage
지진 un tremblement de terre＝séisme	해일 un raz de marée
벼락 une foudre	폭풍 une tempête

Exercices

Ⅰ. 관련있는 것끼리 연결하시오.

(1) crue •

(2) raz de marée •

(3) incendie •　　　　　　　　　　• ⓐ eau

(4) inondation •

(5) éruption •　　　　　　　　　　• ⓑ feu

(6) séisme •

　　　　　　　　　　　　　　　　• ⓒ terre

Ⅱ. 설명에 맞는 단어를 적으시오.

(1) C'est la montée du fleuve　　　→ ________________

(2) Un synonyme de 〈tremblement de terre〉　→ ______________

(3) Peut se mettre en érupton　　　→ ________________

색깔 (La couleur) - I

  색깔 형용사

: 여성형태는 남성형태+e이지만, -e로 끝나는 경우는 대개 남성형태와 여성형태가 동일하다. 또 형태가 불변하거나 불규칙으로 변하기도 한다.

남성		여성	남성		여성
빨강 rouge	–	rouge	주황 orange	–	orange
노랑 jaune	–	jaune	초록 vert	–	verte
파랑 bleu	–	bleue	검정 noir	–	noire
회색 gris	–	grise	베이지 beige	–	beige
하양 blanc	–	blanche	보라 violet	–	violette
적갈색 roux	–	rousse	밤색 marron	–	marron
자주색 mauve	–	mauve	크림색 crème	–	crème

Remarques:

형용사는 명사의 성, 수에 일치하지만, clair(엷은)와 foncé(짙은)이 함께 쓰인 경우 형용사는 성,수에 일치하지 않는다.

; –une jupe verte : 초록색 치마

　–une jupe vert clair / foncé : 연두색/짙은 초록색) 치마

불그스름한 rougeâtre	초록빛이 도는 verdâtre
푸르스름한 bleuâtre	누르스름한 jaunâtre
거무스름한 noirâtre	희끄무레한 blanchâtre

스카이 블루 bleu ciel	감색 bleu marine
청록색 blue vert	점점이 찍힌 pointillé
세로 줄무늬로 à raies longitudinales	원색의 coloré
가로 줄무늬의 à raies transversales	흑백 noir et blanc
체크 무늬 à carreaux	혼방의 mélangé
밝은 clair	진한 foncé
불투명한 opaque	빛이 나는 brillant
아주 대조적인 très contrasté	약간 대조적인 un peu contrasté

Exercices

Ⅰ. 괄호 안을 채우시오.

(1) Le Moulin (　　　　　) : 물랭 루즈

(2) La vie en (　　　　) : 장미빛 인생

(3) La carte (　　　　) : 오렌지 카드(지하철 정기권)

(4) Le vin (　　　), Le vin (　　　　) : 적포도주, 백포도주

(5) Le rouge + (　　　　) = rose

(6) Le noir + Le blanc = (　　　　)

(7) Le film en (　　　) et (　　　　) ≠ Le film en couleur

le rouge (빨간색) – la passion (열정) / la force (힘)

- Mon compte en banque est dans le rouge.

  (은행에서 내 구좌가 적자이다.)

- Elle est rouge de colère. (그녀는 화가 나서 얼굴이 붉어졌다.)

- Ma fille veut acheter un poisson rouge.

  (내 딸이 금붕어를 사고 싶어한다.)

le jaune (노란색) – la gaieté (즐거움) / l'action (행동)

- pages jaunes : 업종별 전화번호부 / race jaune : 황인종

- Cette robe est jaune comme un citron. (이 옷은 샛노란색이다.)

- Chloé a ri jaune. (클로에는 억지웃음을 지었다.)

le vert (초록색) – la nature (자연)

- feu vert : 신호등 푸른 신호 / langue verte : 은어, 속어

- Il est vert de peur. (그는 두려움으로 파랗게 질렸다.)

- Ils sont trop verts.

  (포도는 아직 설 익었다. : 손에 넣을 수 없는 것은 오기로 경멸하여 말하는 표현)

le bleu (파란색) – la paix (평화) / la sagesse (지혜)

- la carte bleue(신용카드) / La Grande Bleue : 지중해

- Il a eu une peur bleue. (그는 새파랗게 질릴 정도로 무서웠다.)

- Elle est vraiment fleur bleue. (그녀는 매우 감상적이다.)

- le mariage blanc : 이민을 위한 서류상의 결혼

- J'ai passé une nuit blanche. (나는 불면의 밤을 지냈다.)

- Cet homme n'est pas blanc comme neige. (이 남자는 결백하지 않다.)

- noir sur blanc : 명백하게＝clairement noir : 블랙 유머 /

- le marché noir : 암시장(암거래)

- Elle voit tout en noir. (그녀는 모든 것을 비관적으로 본다.)

- Il travaille au noir. (그는 불법으로 일을 한다.)

- Une couleur est vive. (색이 선명하다.)

- Une lumière est vive. (빛이 강렬하다.)

- Un diamant est brillant. (다이아몬드가 반짝인다.)

- Le soleil est éblouissant. (태양이 눈부시다.)

- Un vase est transparent. (꽃병이 투명하다.)

- Un tissu est chatoyant. (옷감이 여러색으로 반짝인다.)

- Cette chambre est sombre. (이 방은 어둡다.)

- Elle est rayonnante. (그녀는 환하게 빛난다.)

- Il est très terne. (그는 매우 생기가 없다.)

I. 반의어를 적으시오.

(1) le vert foncé ≠ le vert ______________

(2) Ce verre est opaque ≠ Ce verre est ______________

(3) L'eau est claire ≠ L'eau est ______________

(4) Cette couleur est vive ≠ Cette couleur est ______________

II. 색깔형용사로 괄호 안을 채우시고 문장의 의미를 생각해 보시오.

(1) Tu as mis à l'index nos nuits (   )

(2) Léa est vraiment fleur (   )

(3) Thomas a acheté des cigarettes au marché (   )

　　= Thomas a acheté des cigarettes au marché illégal.

성격, 특징 (Le caractère)

참을성 없는
impatient(e)

총명한, 지적인
intelligent(e)

게으른, 무기력한
indolent(e)

끈기있는 patient(e)

바보스런 sot(te)

충동적인 impulsif(ve)

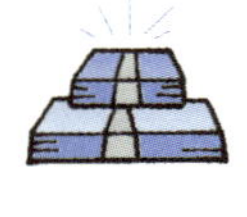

신중한 prudent(e)

수다스런 bavard(e)

과묵한 taciturne

완고한, 고집불통의 têtu(e)

냉담한 indifférent(e)

큰 grand(e)

작은 petit(e)

날씬한 mince

살찐 gros(se)

유연한 souple

뻣뻣한 rigide

마른 maigre

포동포동한 rond(e)

활동적인 actif(ve)

둥근 rond

긴 allongé

각진 carré

타원형의 ovale

삼각형의 triangulaire

신체 묘사

- Il est tout petit ··· petit ··· de taille moyenne ··· grand ··· très grand ··· immence
  (그는 아주 작다 ··· 작다 ··· 중간 키이다 ··· 크다 ··· 아주 크다 ··· 대단히 크다)

- Elle est   maigre ···   mince ···   ronde ···   grosse ···   obèse
  (그녀는   말랐다 ···   날씬하다 ···   포동포동하다 ···   살쪘다 ···   비만이다)

Exercices

Ⅰ. 관련 있는 것끼리 연결하시오.

(1) bavard •   • ⓐ casser

(2) dynamique •   • ⓑ attendre

(3) généreux •   • ⓒ parler

(4) prudent •   • ⓓ agir

(5) maladroit •   • ⓔ donner

Ⅱ. 괄호 안을 채우시오.

(1) Qu'elle est (   )! Elle pèse 70 kg pour 1m 50.

(2) Il pèse 55 kg pour 1 m 83, il est (   )

(3) Elle a grossi de 10 kilos. Elle commence un (   )

 수(Les nombres)−I

기수(Les nombres cardinaux) 

0 zéro

1 un   2 deux   3 trois   4 quatre   5 cinq

6 six   7 sept   8 huit   9 neuf   10 dix

    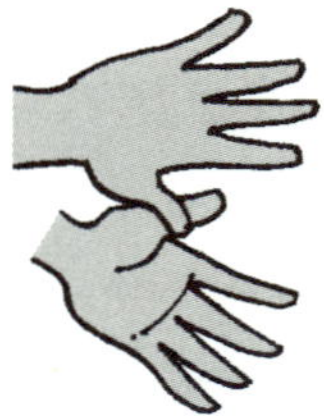

11	onze	21	vingt et un
12	douze	22	vingt-deux
13	treize	23	vingt-trois
14	quatorze	24	vingt-quatre
15	quinze	25	vingt-cinq
16	seize	26	vingt-six
17	dix-sept	27	vingt-sept
18	dix-huit	28	vingt-huit
19	dix-neuf	29	vingt-neuf
20	vingt	30	trente

31	trente et un
40	quarante
41	quarante et un
50	cinquante
51	cinquante et un
60	soixante
61	soixante et un
70	soixante-dix
71	soixante et onze
80	quatre-vingts

81	quatre-vingt-un
90	quatre-vingt-dix
91	quatre-vingt-onze
100	cent
1000	mille/ 10,000 dix mille
100.000	cent mille
1,000,000	un million * 백만장자 un millionnaire
10,000,000	dix millions
1000,000,000	un milliard * 억만장자 un milliardaire
1000,000,000,000	un billion

서수(Les nombres ordinaux)

- C'est clair comme deux et deux font quatre. 명백하다.
- Vingt-deux! 경찰이다!
- Il se met sur son trente et un pour la fête.
  파티에 그는 가장 좋은 옷을 입는다.
- Il était moins cinq. 하마터면 큰일 날뻔했다.

서수(Les nombres ordinaux)

서수는 기수에 **-ième**를 붙여서 만든다. **cinq**인 경우는 '**u**' 가 첨가되고,
neuf의 경우는 '**f**' 가 '**v**' 로 바뀌고 **-ième**를 붙임에 주의하자.
quatre를 비롯한 **-e**로 끝나는 숫자는 **e**로 없애고 **-ième**를 붙인다.
quatrième, onzième...

1er	premier(ère)
2^e(1ère)	deuxième / second(e)
3^e	troisième
4^e	quatrième
5^e	cinquième
6^e	sixième
7^e	septième
8^e	huitième
9^e	neuvième
10^e	dixième
11^e	onzième
13^e	treizième
20^e	vingtième
30^e	trentième
40^e	quarantième
50^e	cinquantième
60^e	soixantième
70^e	soixante-dixième
80^e	quatre-vingtième
90^e	quatre-vingt-dixième
100^e	centième

- premier / second / dernier는 première / seconde / dernière와 같은 여성형태를 가진다.

- dernier(ère)는 명사 앞에서는 〈마지막의〉의 의미를, 명사 뒤에서는 〈지난〉의 의미를 가진다 ; la dernière classe(마지막 수업) / l'été dernier(지난 여름)

Exercices

Ⅰ. 다음의 숫자를 프랑스어로 쓰고, 읽어보시오.

(1) 제 8 요일 Le(   ) jour

(2) 1789(   )

(3) 나폴레옹 1세(   )

(4) 5월 1일(   )

Ⅱ. 다음을 완성하시오.

(1) C'est mon ___________ mot. (더 이상 양보할 수 없다.)

(2) Promettre, tenir, ça fait ___________ .

(약속하는 것과 지키는 것은 별개이다.)

(3) Il habite à ___________ pas d'ici.

(그는 여기서 아주 가까운 거리에 살고 있다.)

수(Les nombres) – Ⅱ

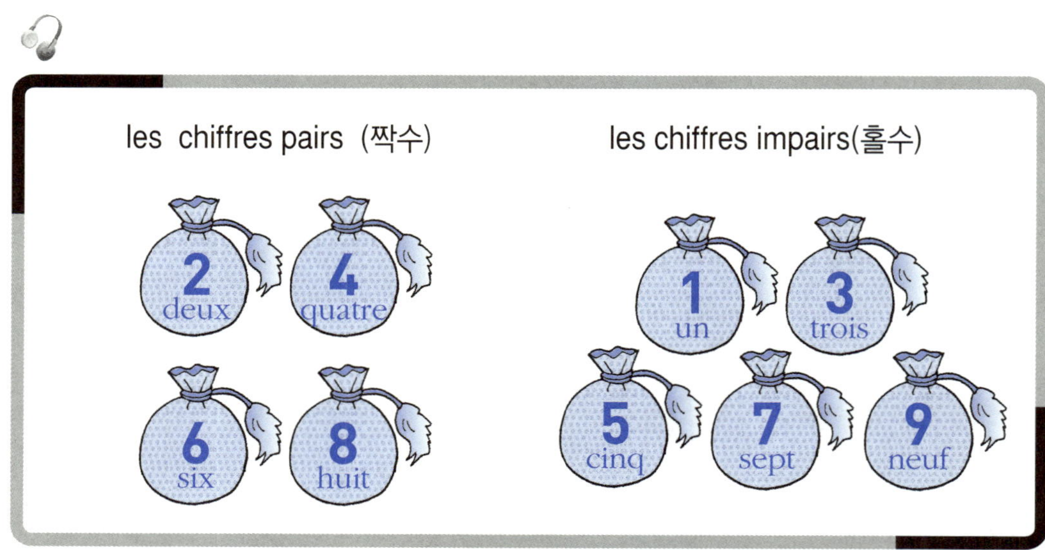

La fraction (분수)

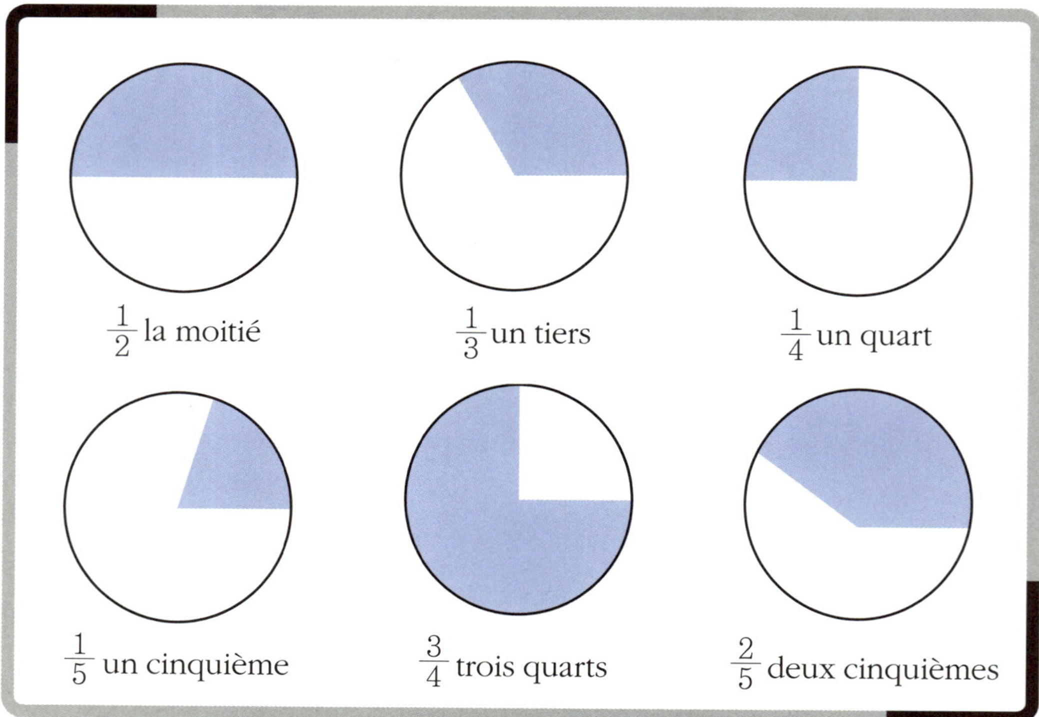

Les quatres opérations (사칙연산)

- L'addition (더하기) : 2+5=7 (Deux plus cinq égale sept)

  ⇒ additionner (더하다)

- La soustraction (빼기) : 9−3=6 (Neuf moins trois égale six)

  ⇒ soustraire (빼다)

- La multiplication (곱하기) : 4×5=20 (Quatre multiplié par cinq égale vingt)

  ⇒ multiplier (곱하다)

- la division (나누기) : 16÷2=8 (seize divisé par deux égale huit)

  ⇒ diviser (나누다)

백분율 le pourcentage : 8 % ⋯ (huit pour cent ⋯)	
어림수 un chiffre rond	정확한 수 un chiffre exact
2배 doublé	3배 triplé
4배 quadruplé	1000 ㎡ mil mètres carrés
5^3 cinq au cube	계산하다 compter

수와 관련된 표현들

- en deux mots : 간단하게＝brièvement
- jamais deux sans trois : (속담) 두번있는 일은 세번 있다 (불행에 대해)
- manger comme quatre : 많이 먹다
- à cent à l'heure : 아주 빠른 속도로
- couper les cheveux en quatre : 지나치게 세밀히 따지다
- être aux cents coups : 좌불안석이다
- renvoyer de sept en quatorzième : 계속 미루다
- vingt-quatre heures sur vinge-quatre : 하루종일
- vingt-deux(＝attention) : 조심해!

부가가치세 TVA(taxe à la valeur ajoutée)

단가 PU(Prix unitaire)

면세 HT(hors taxe)

세금포함가 TTC(toutes taxes comprises)

원가 le prix coûtant

시가 le prix courant

지불총액 net à payer / le montant

지불 le paiement / le règlement

Exercices

Ⅰ. 괄호 안을 채우시오.

(1) 4, 6, 8 sont des chiffres (　　　　　)

(2) 124.8 est un chiffre (　　　　　)

(3) 2 plus 9 (　　　　　) 11.

(4) 54 (　　　　　) 6 font 9.

Ⅱ. 연결하시오.

(1) C'est le contraire de diviser •　　　　　• ⓐ le tiers

(2) Synonyme de calculer •　　　　　• ⓑ doublé

(3) Multiplier par deux •　　　　　• ⓒ multiplier

(4) $\frac{1}{3}$ •　　　　　• ⓓ compter

방향 (La direction)

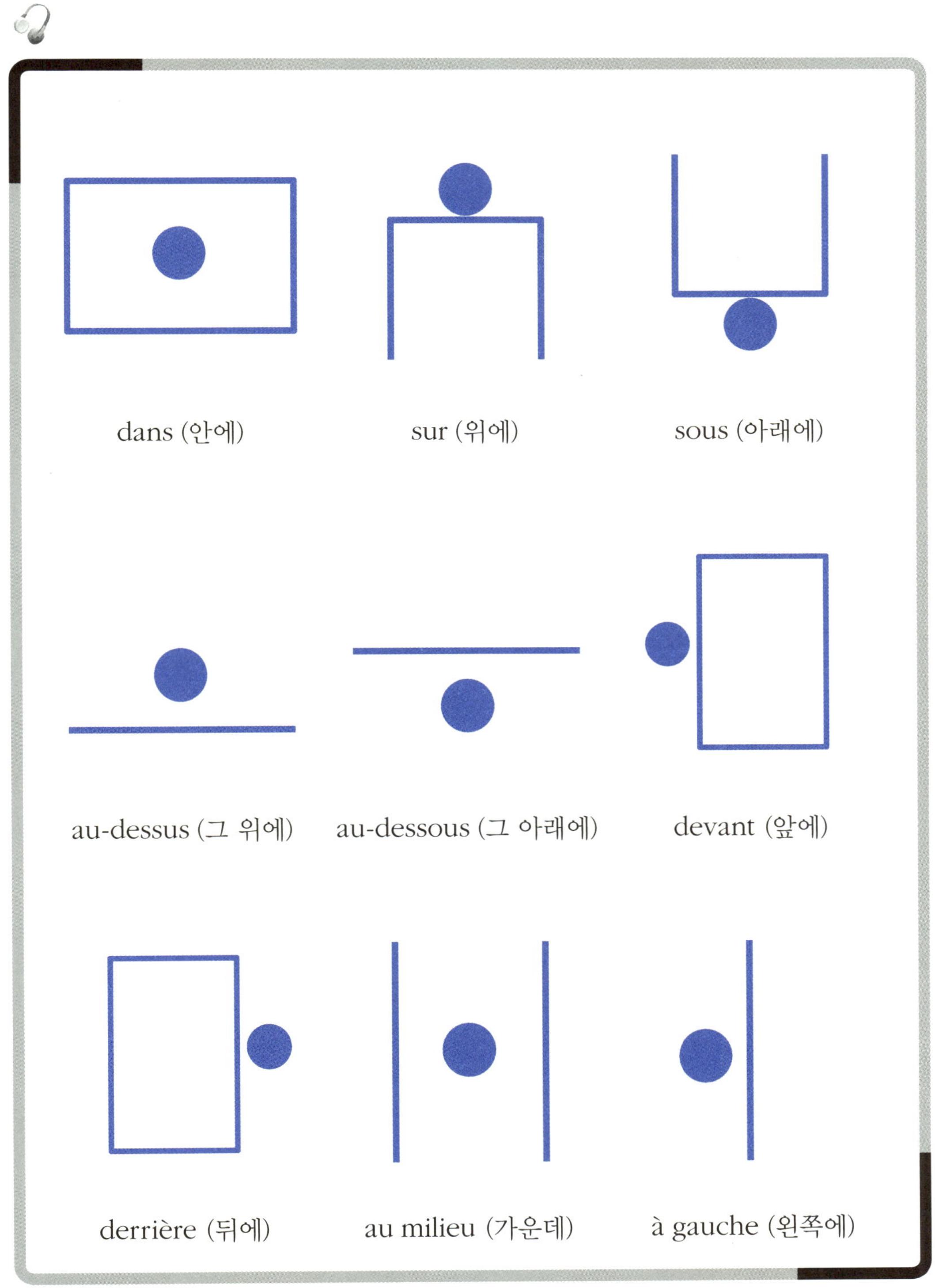

à droite (오른쪽에) par terre (바닥에) contre (기대어)

tout droit (곧바로) faire demi-tour (U턴하다) traverser (가로지르다)

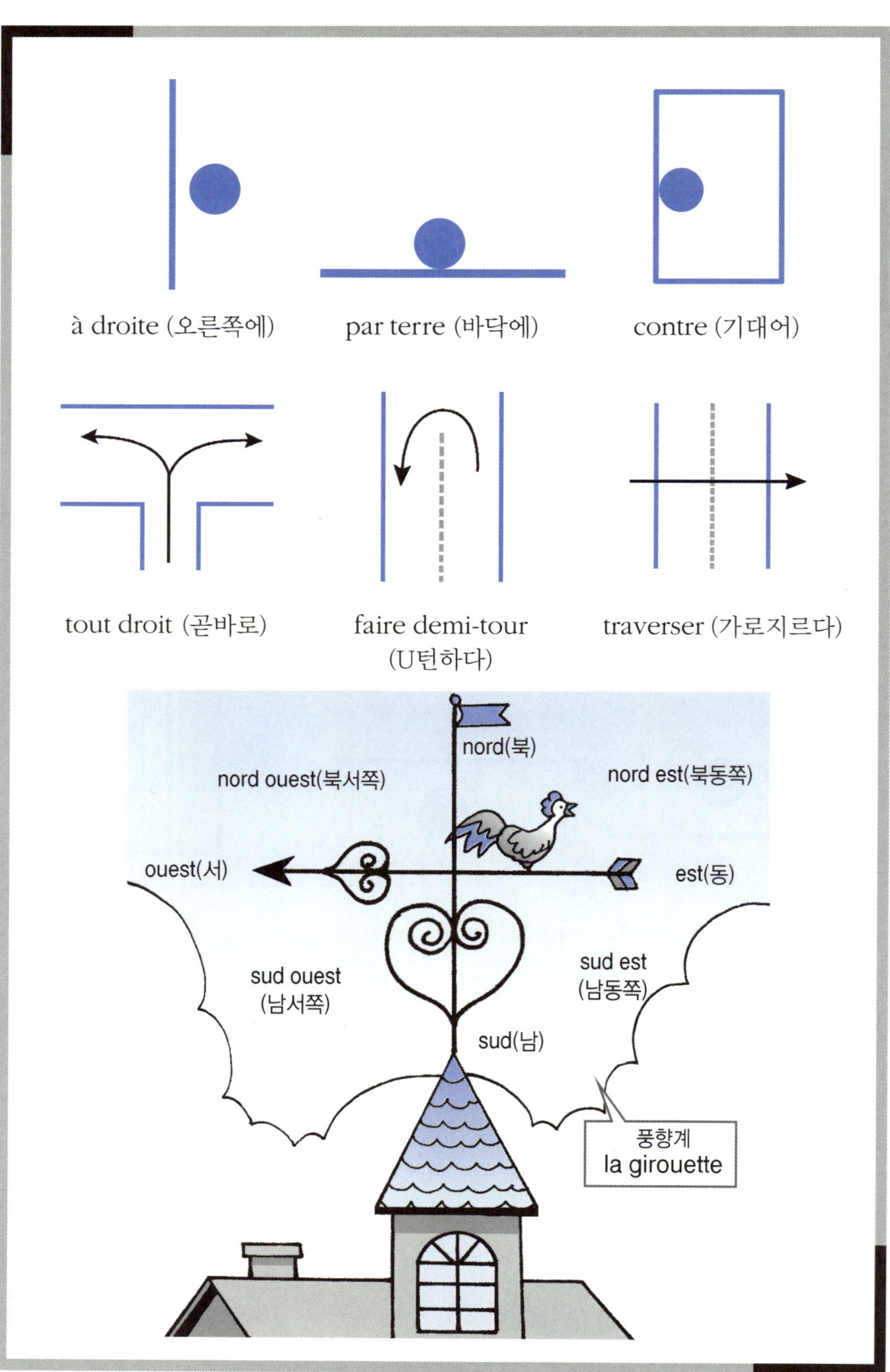

• Mon stylo est où? (내 만년필이 어디에 있지요?)

• Il est sur la table. (그건 탁자 위에 있어요.)

• Votre voiture est derrière la poste? (당신 차는 우체국 뒤에 있어요?)

• Non, elle est devant la poste. (아뇨, 우체국 앞에 있어요.)

• Où se trouve le musée de Picasso? À droite ou à gauche?

  (피카소 미술관이 어디에 있나요? 오른쪽인가요? 아니면 왼쪽인가요?)

• Mais non, continuez tout droit. (아니예요, 똑바로 가세요.)

  * Mais non에서 mais는 〈그러나〉의 의미가 아니고, non을 강조한다.

• tout droit (부사) 똑바로
• à droite (명사) 오른쪽으로
• Tu n'as pas le droit. (명사) 당신은 그럴 권리가 없다.
• J'ai nal au bras droit. (형용사) 오른팔이 아파요.

Exercices

I. 다음의 그림을 보고 답하시오.

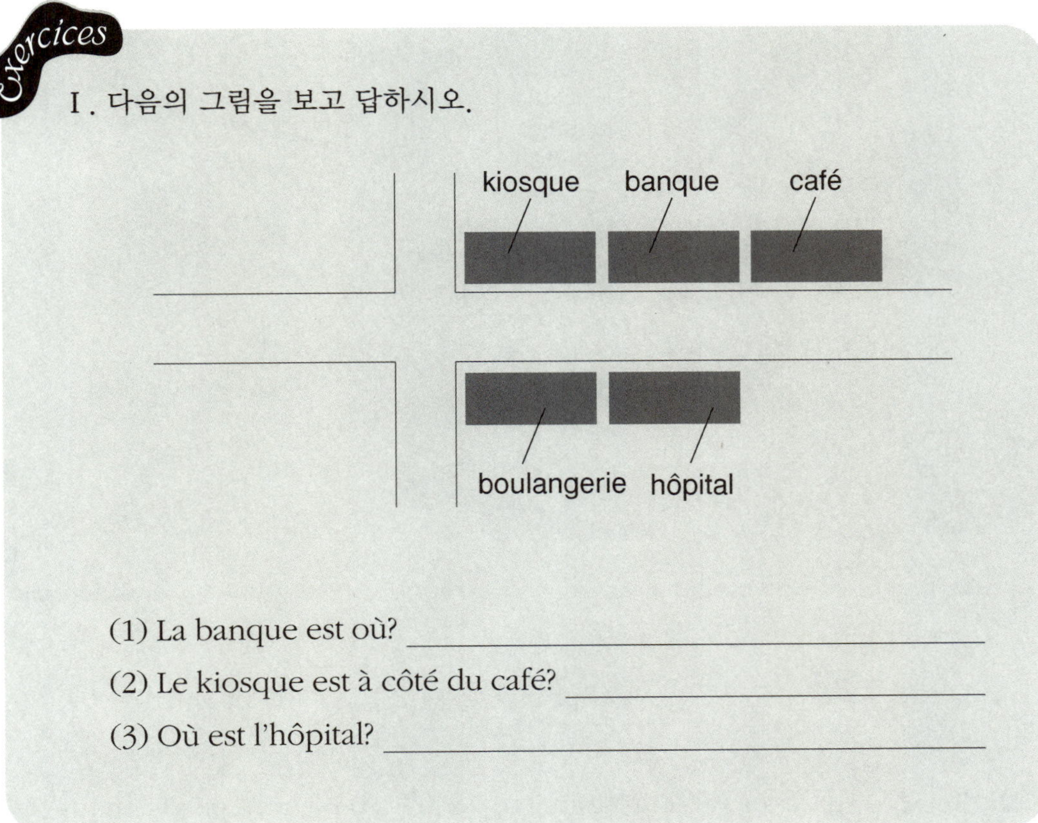

(1) La banque est où? ________________________________

(2) Le kiosque est à côté du café? ________________________________

(3) Où est l'hôpital? ________________________________

통행(La circulation)

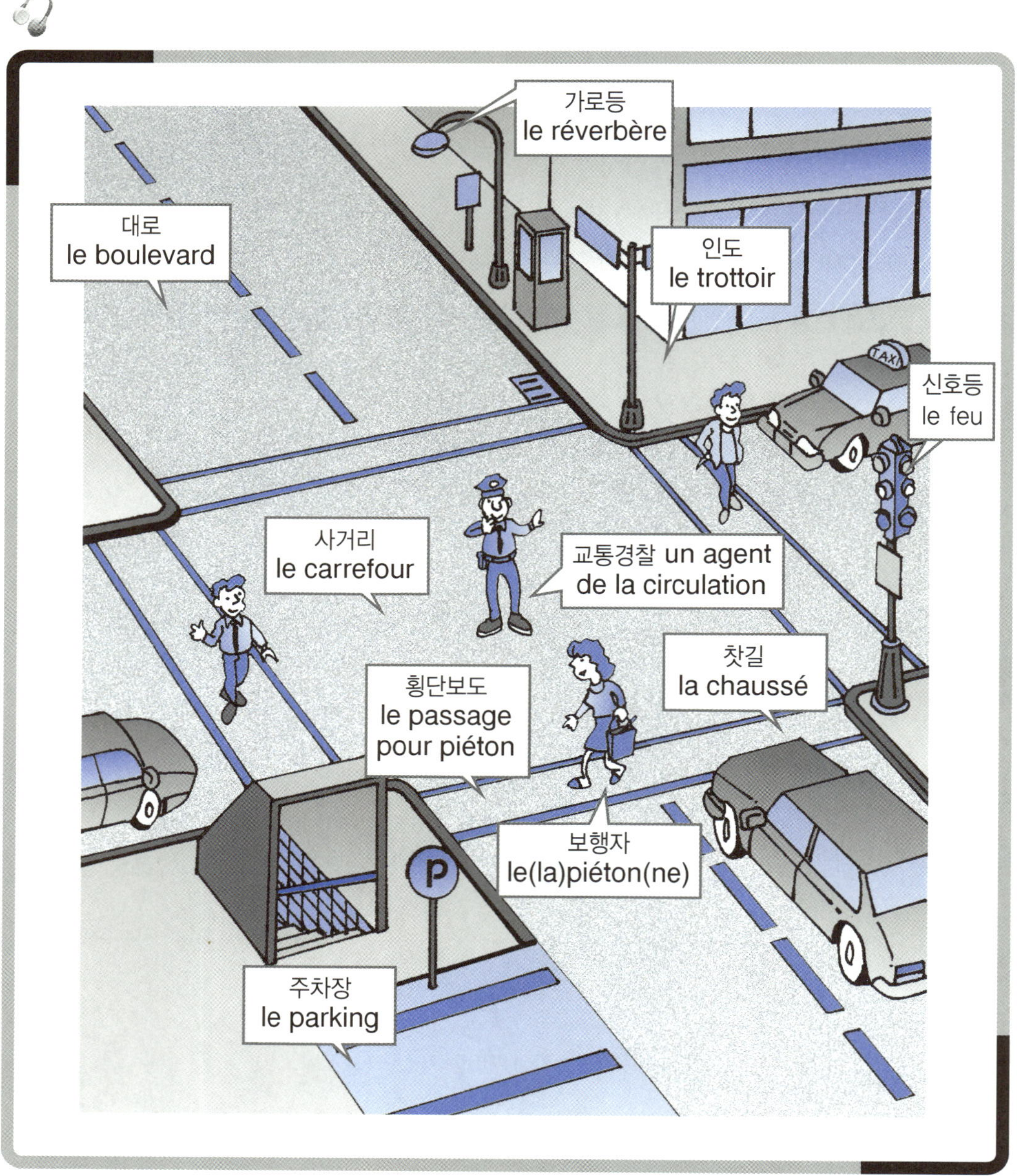

거리 la rue	로터리 le rond-point	주차 요금 미터 le parcmètre
무료의 gratuit(e)	유료의 payant(e)	지하 주차장 le parking souterrain
보도위를 걷다 marcher sur le trottoir		차도를 건너다 traverser la chaussée

벌금 l'amende

커브 돌기 le virage

추월하다 doubler(dépasser)

통행금지 le sens interdit

일방통행 le sens unique

주의 l'attention

위험 le danger

출구 la sortie / 입구 l'entrée

위반 la contravention

주차장 le garage / le parking

공사중 les travaux en cours

신호등 le feu

트럭 le camion

교통 체증 l'embouteillage

자전거 도로 la piste cyclable

교차로 le croissement

속도제한 la limitation de vitesse

혼잡한 시간 les heures d'affluence=les heures de pointe

우회로 la dérivation

자갈길 la pierraille

유턴금지 interdiction de faire demi-tour

주차금지 l'interdiction de stationner

횡단보도 le passage pour piéton

미끄러운 도로 la chaussée glissante

지하주차 le parking sous-terrain

국도 la route nationale

속도를 늦추시오 ralentir

좁아지는 길 la chaussée rétrécie

전조등을 켜시오 allumez vos phares

Ⅰ. 다음 표지판의 의미를 프랑스어로 적으시오.

(1) _______________________________

(2) _______________________________

(3) _______________________________

(4) _______________________________

Ⅱ. 괄호를 채우시오.

(1) Sur l'autoroute, vous payez au (　　　　　　　)

(2) Quand la route tourne, il y a des (　　　　　　　)

(3)~(4) À Paris, il y a souvent des (　　　　　　　)
　　　　(= beaucoup de voitures qui restent bloquées), surtout
　　　aux heures d'(de) (　　　　　　　)

공연과 전시(Les spectacles et l'exposition)

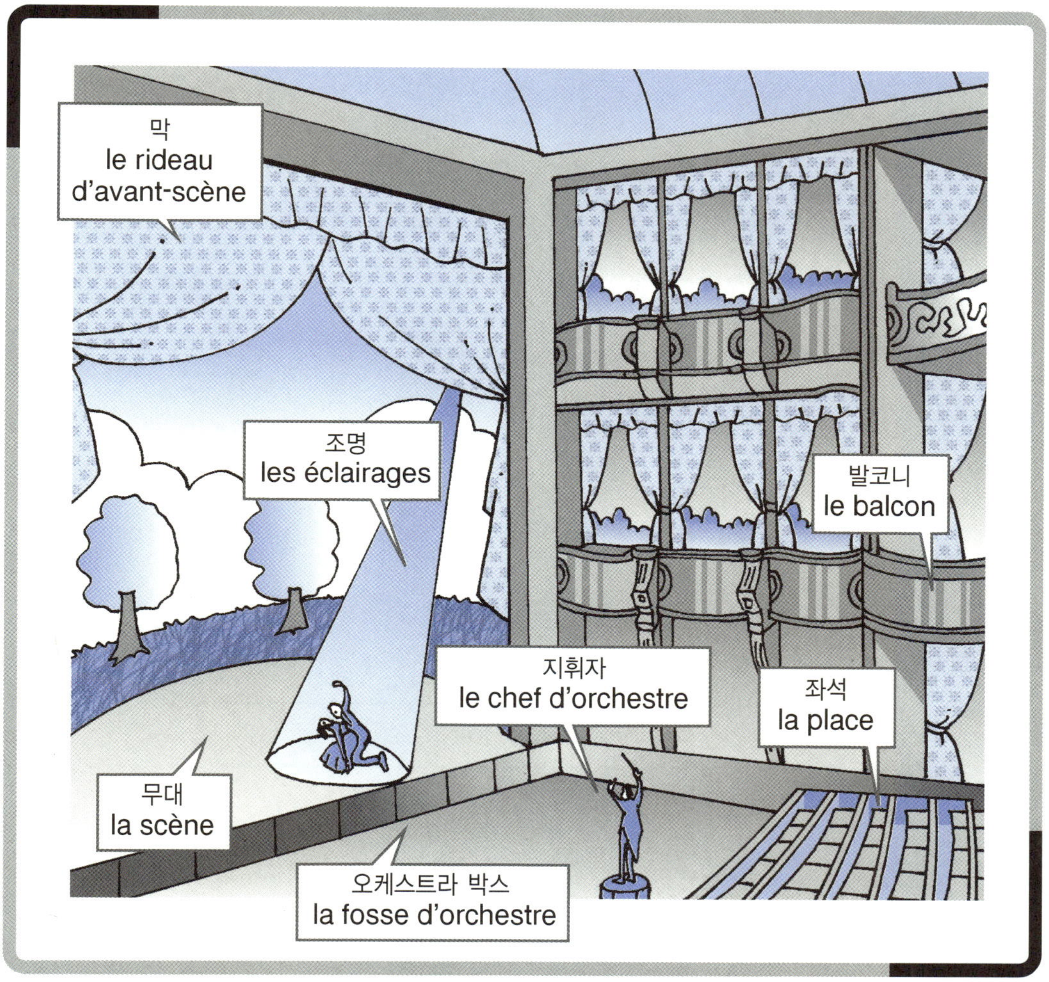

전시회 l'exposition	영화관 le cinéma
극장 le théâtre	오페라극장 l'opéra
관객 les spectateurs	칸막이 좌석 la loge
좌석의 열 les rangs	옷 맡기는 곳 le vestiaire
맨 꼭대기 좌석 le poulailler	포스터 l'affiche
스타 la vedette	와이드 스크린 le grand écran
보조 접이의자 le strapontin	남배우(여배우) un acteur(une actrice)

좌석예약 la location	오페라 글라스 les jumelles de théâtre
영화인 le cinéaste	연출가, 영화감독 le metteur en scène
주연 un rôle principal	조연 le rôle secondaire
필름 la pellicule	무대장치 les décors
의상 les costumes	막간 un entracte(= une pause)
상영 la séance	영화애호가 le / la cinéphile
휴관일 jour de relâche	매표소 le bureau de location
휴관하다 faire relâche	리허설 les répétition(le travail avant le spectacle)

번역 대사의 녹음, 더빙 le doublage

프랑스어 더빙 la version française (en v.f.)

자막 있는 원어판 la version originale (en v.o.) sous-titre

Exercices

Ⅰ. 다음 단어들로 문장을 완성해 보세요.

> **complet, jouer, faire, doublage**

(1) Qu'est-ce qui (　　　　) au cinéma, ce soir?

(2) Il n'y a pas de (　　　　), c'est en version originale sous titrée.

(3) On (　　　　) une pièce de Samuel Beckette.

(4) Impossible d'avoir des places, tout est (　　　　)

Ⅱ. 연결하시오.

(1) Il est cinéphile •　　　• ⓐ les théâtres ne fonctionne pas

(2) C'est en v.f •　　　• ⓑ une pause

(3) une entracte •　　　• ⓒ Il est amateur de cinéma.

(4) C'est relâche •　　　• ⓓ C'est doublé

44 책 (Le livre)

페이지 la page	(저서의) 헌정, 헌사 la dédicace
(책의) 장(章) le chapitre	관보 le journal officiel
종잇장 la feuille	일간지 le journal(= le quotidien)
정기간행본 le périodique	주간지 le hebdomadaire
책의 낱장 표지 la jaquette	월간지 le mensuel

권, 부 le tome(= le volume, l'exemplaire)

목차 le sommaire = la table des matières

어린이 잡지 le journal d'enfants

교정필 인쇄본 bonnes feuilles

잡지 un magazine(= une revue)

잡지를 정기구독하다 s'abonner à une revue.

(특히 파리 센느강가의) 고본장수 le /la bouquiniste

요리책 un livre de cuisine	역사책 un livre d'histoire
에세이 un essai	관광 가이드 un guide touristique
위인전 une biographie	자서전 une autobiographie
시집 un recueil de poésie	사전 un dictionnaire
소설 le roman	단편소설 la nouvelle
탐정소설 le roman policier	공상과학소설 le roman de science-fiction
대하소설 le roman-fleuve	동화 la conte
장정본 un livre relié	절판본 un livre épuisé
서점 une librairie	만화책 une BD(= une bande dessinée)
헌책방 la bouquinerie	도서관 une bibliothèque

• on imprime ce livre à mille exemplaires.

(이 책을 1000부 인쇄합시다.)

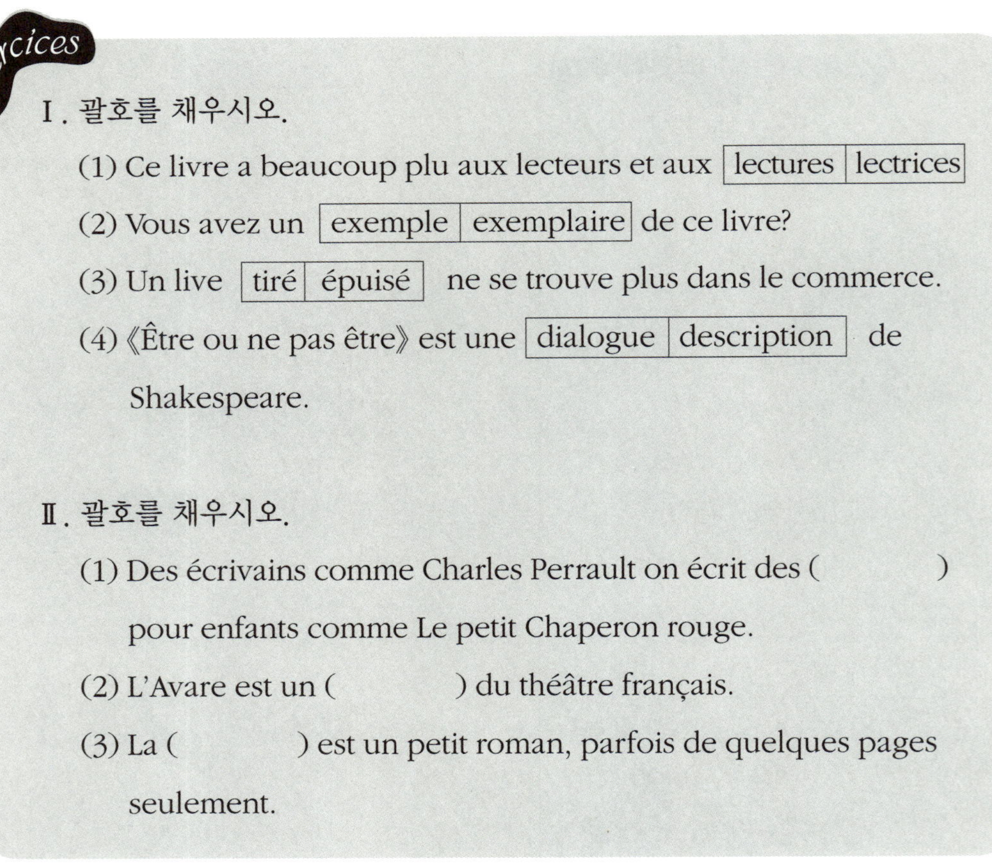

Exercices

Ⅰ. 괄호를 채우시오.

(1) Ce livre a beaucoup plu aux lecteurs et aux lectures lectrices

(2) Vous avez un exemple exemplaire de ce livre?

(3) Un live tiré épuisé   ne se trouve plus dans le commerce.

(4) 《Être ou ne pas être》 est une dialogue description   de
Shakespeare.

Ⅱ. 괄호를 채우시오.

(1) Des écrivains comme Charles Perrault on écrit des (   )
pour enfants comme Le petit Chaperon rouge.

(2) L'Avare est un (   ) du théâtre français.

(3) La (   ) est un petit roman, parfois de quelques pages
seulement.

45

식사(Le repas)

Le petit déjeuner – Le déjeuner – Le goûter – Le dîner
   (아침식사)   (점심식사)   (간식)   (저녁식사)

Apéritif – Hors-d'oeuvre – Entrée – Plat principal
(아페리티프:식전 술) (전채요리)   (앙트레)   (주요리)

– Fromage 혹은 Dessert – Digestif
  (치즈)   (디저트)   (디제스티프:식후 술)

크루아쌍
un croissant

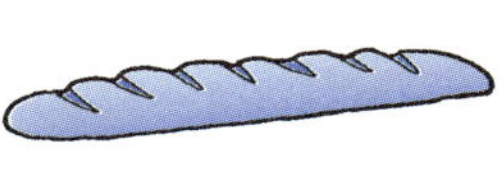

바게트 빵
une baguette

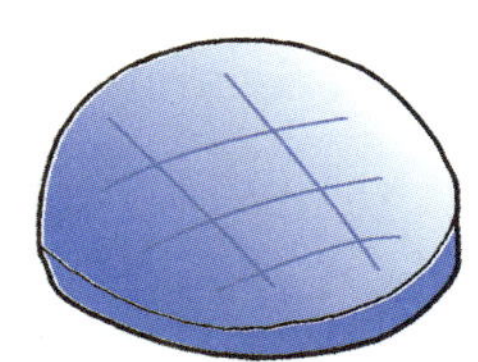

갈레트
une galette

건포도가 박힌 빵
un pain au raisin

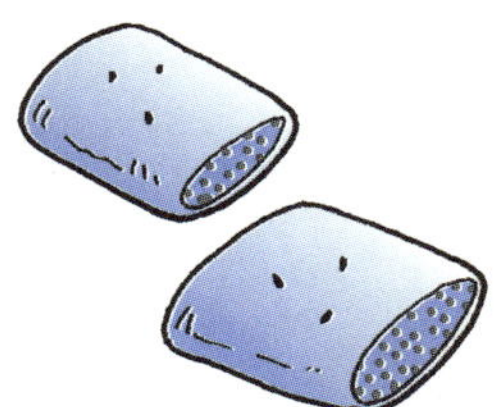

초콜릿이 박힌 빵
un pain au chocolat

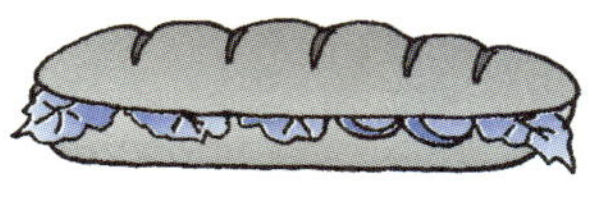

샌드위치
un sandwich

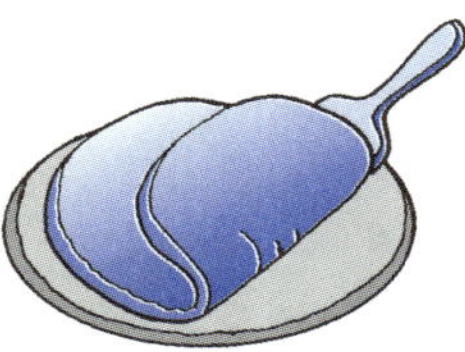

크레프 une crêpe

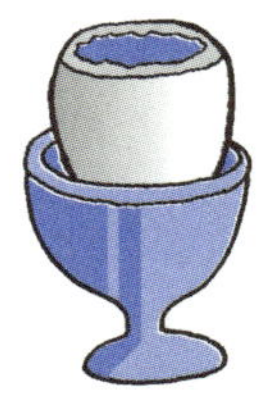

반숙달걀
un oeuf à la coque

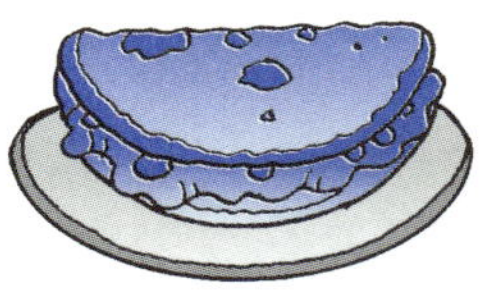

오믈렛 une omelette

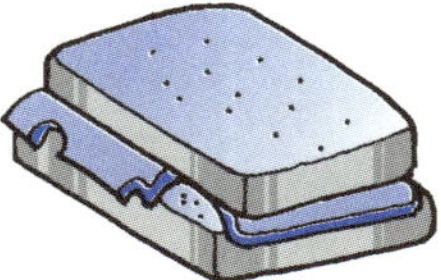

크로크 무슈
un croque-monsieur

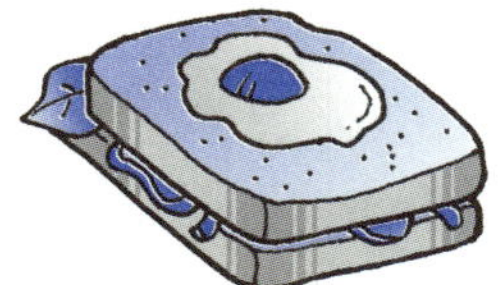

크로크 마담
un croque-madame

거위 간 요리
du foie gras

달팽이 요리
un escargot

아이스크림 une glace

셔벳 un sorbet

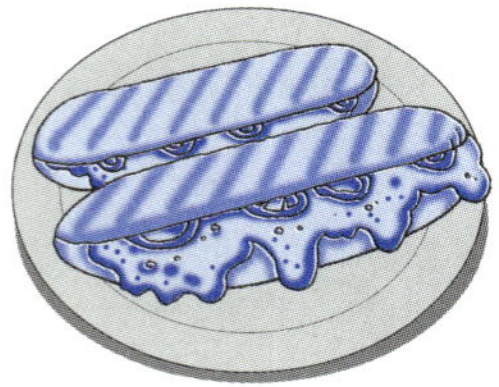

빠니니 un panini

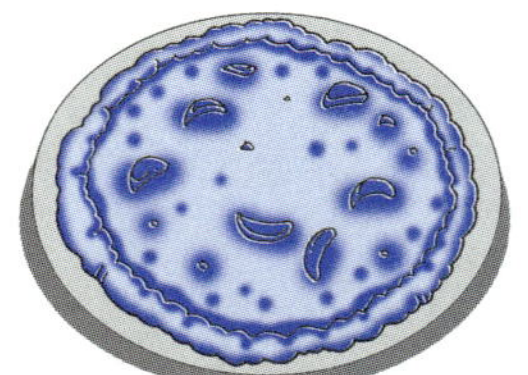

로렌지방 키슈
une quiche lorraine

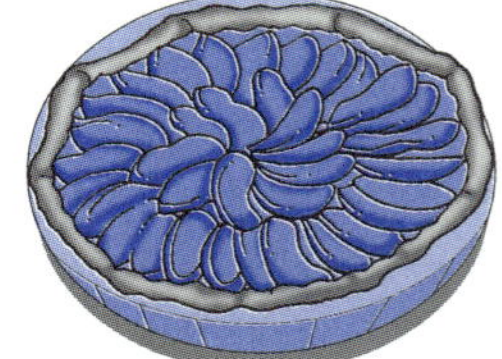

파이 une tarte

 포도주(Le vin) / 샴페인(Le champagne) 

적포도주 Le vin rouge	백포도주 Le vin blanc
로즈 와인 Le vin rosé	샴페인, 발포성 포도주 Le champagne

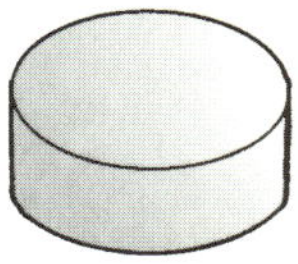

Camembert
(카망베르 치즈)

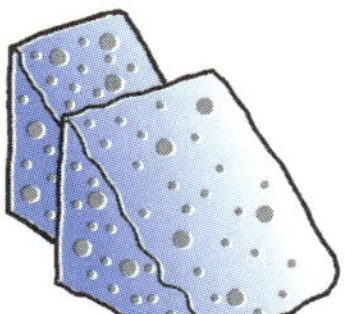

Roquefort
(로크포르 치즈)

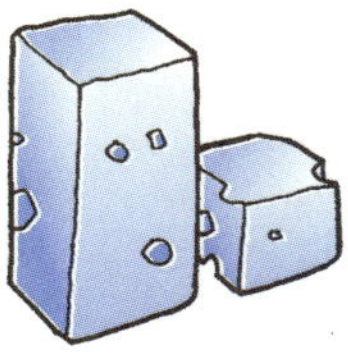

Chèvre
(염소 치즈)

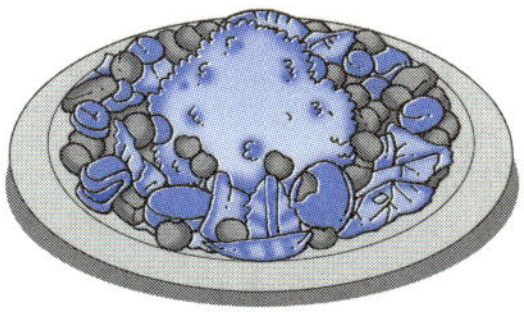

Couscous
(쿠스쿠스)

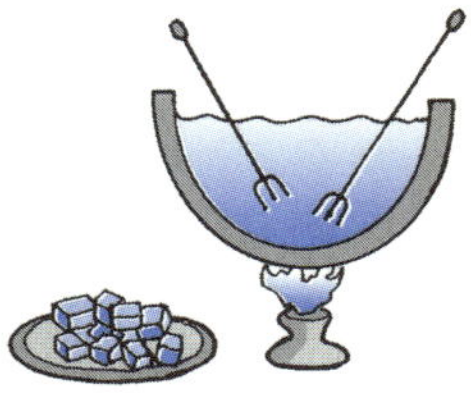

Fondue
(퐁뒤)

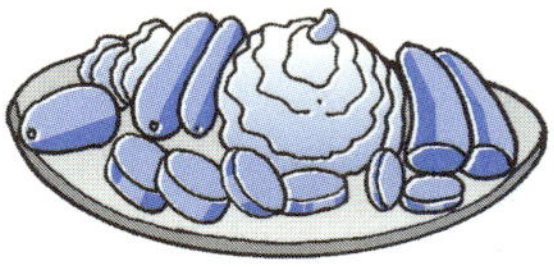

Choucroutte
(슈쿠루트)

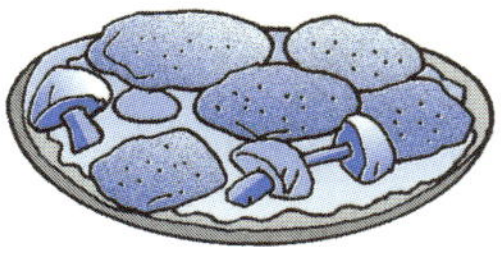

Coq au Vin
(코코뱅)

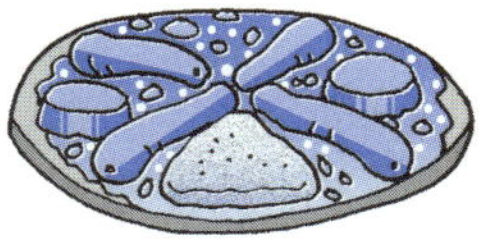

Cassoulet
(카슐레)

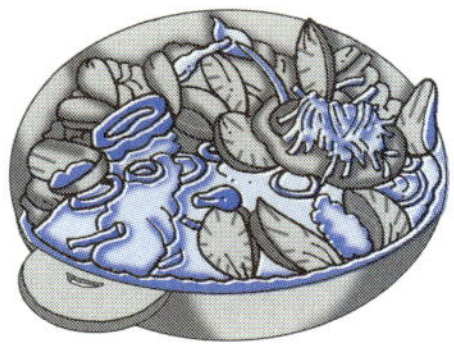

Bouillabaisse
(부이야베스)

- Fondue (퐁뒤) – 사부아 지방(Savoie)의 특산 요리

- Choucroutte (슈쿠루트) – 알자스지방(Alsace) 특산요리

- Coq au Vin (코코뱅) – 부르고뉴 지방(Bourgogne) 특산 요리

- Cassoulet (카슐레) – 툴루즈(Toulouse) 지방 특산 요리

- Bouillabaisse (부이야베스) – 마르세이유(Marseille) 지방 특산 요리

- Couscous (쿠스쿠스) – 북아프리카 아랍인의 전통요리

중국 요리 la cuisine chinoise		한국 요리 la cuisine coréenne
프랑스 요리 la cuisine française		일본 요리 la cuisine japonaise
이탈리아 요리 la cuisine italienne		인도 요리 la cuisine indienne
일품 요리 la cuisine de spécialité		오늘의 요리 le plat du jour

쇠고기 du boeuf	생선 du poisson	돼지고기 du porc
빵 le pain	양고기 de l'agneau	치즈 le fromage
닭고기 du poulet	파이 la tarte	해물요리 le fruit de mer
밥 le riz	고기 de la viande	만두 le ravioli
샐러드 la salade	스프 la soupe	정어리 la sardine

Exercices

Ⅰ. 연결하시오.

(1) le petit déjeuner •   • ⓐ Savoie

(2) La crêpe •   • ⓑ coquetier

(3) La Fondue •   • ⓒ Normandie

(4) L'oeuf à la coque •   • ⓓ le soleil, le bonheur, la prospérité

(5) Camembert •   • ⓔ le matin

Ⅱ. 다음의 빈칸을 채우시오.

(1) Qui dort ________________.

　　(잠을 자면 시장기를 잊는다.)

(2) Un bon repas se termine par un bon ______________.

　　(좋은 식사는 맛좋은 치즈로 끝이 난다.)

(3) ______________ vient en mangeant.

　　(먹다 보면 식욕이 나는 법이다.)

(4) Qui vole un ______________ vole un boeuf.

　　(바늘 도둑이 소도둑 된다.)

레스토랑 (Le restaurant)

레스토랑
le restaurant

브라쓰리
la brasserie

비스트로
le bistrot

카페
le café

찻집
le salon de thé

바
le bar

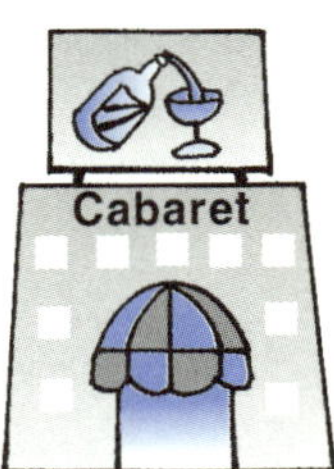

주점
le cabaret

담배도 파는 카페
le café-tabac

구내식당
la cantine

패스트푸드점
le restaurant rapide

웨이터 le garçon	테라스 la terrasse
메뉴판 la carte	정식 le menu
오늘의 요리 le plat du jour	미식가 gourmand(e)
포도주 감별사 sommelier(ère)	솜씨 좋은 요리사 cordon-bleu
포도주 메뉴판 la carte des vins	

 La cuisson (고기 익힘 정도) 

아주 약간 익힌 bleu(e)	약간 익힌 saignant(e)
중간 정도 익힌 à point	아주 잘 익힌 bien cuit(e)

 Boissons chaudes (데운 음료) 

커피 un café	상카 커피 un déca	크림 커피 un café crème
차 un thé	핫초코 un chocolat chaud	엑스프레소 커피 un expresso
약한 커피 un café allongé		허브티 une tisane

 Boissons froides (찬 음료)

과일주스 un jus de fruits	아이스커피 un café frappé
아이스 티 un thé glacé	소다수 un soda
레몬 주스 un citron pressé	콜라 un coca
레모네이드 une limonade	우유 du lait

식기세트 le couvert	재떨이 le cendrier	포크 la fourchette
접시 l'assiette	유리잔 le verre	소금 le sel
컵 la tasse	후추 le poivre	숟가락 la cuillère
차숟가락 la cuillère à café	칼 le couteau	설탕 le sucre
냅킨 la serviette de table	식탁보 la nappe	젓가락 des baguettes

계산서 l' addition / La note	팁 le pourboire
카드로 par carte	현금으로 En espèces (liquides)

식전술 un apéritif (kir, porto)
식후술 un digestif (cognac, armagnac)
안주 un amuse-gueule

- Je voudrais réserver cinq personnes ce soir.

  (오늘 저녁 5명을 예약하고 싶습니다.)

- Venez ici. (이리로 오십시오.)

- Suivez-moi, S.V.P. (따라오세요.)

- Asseyez-vous, S.V.P. (앉으세요.)

- La carte, S.V.P. (메뉴판 주세요.)

- Vous avez la carte anglaise? (영어로 된 메뉴판 있습니까?)

- Quel est le plat du jour? (오늘의 요리는 무엇입니까?)

- Vous voulez commander? (주문하시겠어요?)

- Oui, je commande. (네, 주문할께요.)

- La même chose, S.V.P. (같은 걸로 주세요.)

- Je prends ça. (이걸로 할게요.)

- Qu'est-ce que vous nous recommandez?

  (추천할 만한 요리는 무엇입니까?)

- Qu'est-ce que vous me conseillez? (추천해 주시겠어요?)

- À point, S.V.P. (미디움으로 익혀주세요.)

- Bien cuite, S.V.P. (잘 구워주세요.)

- Encore un peu de pain, S.V.P. (빵 좀 더 주세요.)

- Une carafe d'eau, S.V.P. (물 한병 주세요.)

- Je n'ai pas encore été servi. (아직 주문한 것이 안 나왔어요.)

- Pendant combien de temps je dois attendre?

  (얼마나 더 기다려야 합니까?)

- Qu'est-ce que vous prenez comme entrée / plat principal / dessert?

  (앙트레 / 주요리 / 디저트로 무엇을 드시겠어요?)

- C'était très bon. Merci beaucoup. (맛있었어요. 아주 고맙습니다.)

- L'addition, S.V.P. (계산서 부탁합니다.)

- Le service est compris. (봉사료 포함입니다.)

앙트레 l'entrée	
주요리 le plat principal	
디저트 le dessert	
주문하다 commander(= passer la commande)	
주문받다 prendre la commande	

Exercices

I. 괄호 안을 채우시오.

(1) Les Français boivent souvent (   ) pendant les repas.

(2) Le service est compris dans le prix mais il est d'usage de laisser

     (   ) si on est content.

(3) Le cognac est (   ).

(4) Il est blanc, rouge ou rosé. C'est (   ).

(5) Le kir est (   ).

II. 연결하시오.

(1) Mc Donalde •   • ⓐ bleu

(2) cigarette •   • ⓑ garçon

(3) Pourboire •   • ⓒ restaurant rapide

(4) à peine cuit •   • ⓓ tabac

47 가게(Les magasins)

백화점
le grand magasin

벼룩시장
le marché aux puces

슈퍼마켓
le supermarché

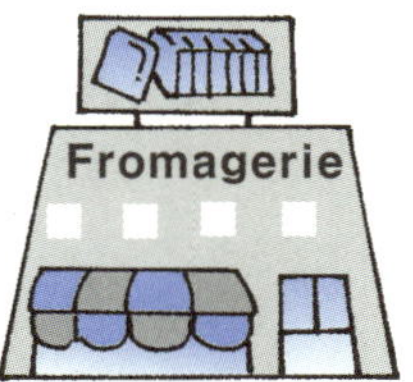
치즈 가게
la fromagerie

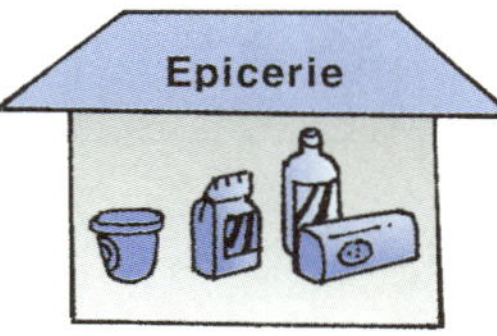
식료품 가게
l'épicerie

정육점
la boucherie

돼지고기점
la charcuterie

크레프가게
la crêperie

제과점
la pâtisserie

빵집
la boulangerie

미용실
le salon de coiffure

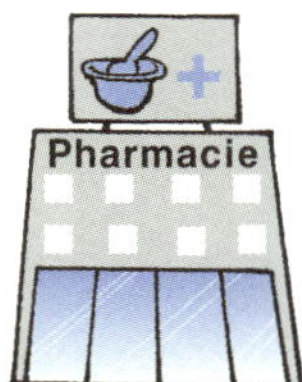
약국
la pharmacie

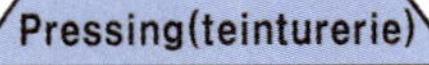

세탁소
le pressing
(la teinturerie)

문방구
la papeterie

서점
la librairie

어시장, 생선가게
la poissonnerie

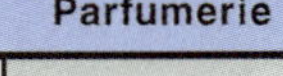

향수 가게
la parfumerie

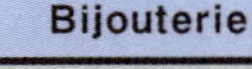

보석 가게
la bijouterie

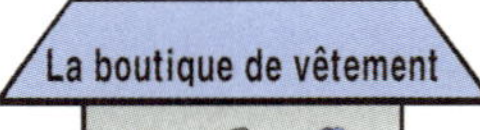

옷 가게
la boutique de vêtement

가두판매점
le kiosque

여행사
l'agence de voyage

유제품 판매점
la crémerie

빵집주인 boulanger – boulangère

정육점주인 boucher – bouchère

식료품점주인 épicier – épicière

돼지고기장수 charcutier – charcutière

제과점 주인 pâtissier – pâtissière

생선가게 장수 poissonnier –poissonnière

세탁소주인 teinturier – teinturière

보석가게 주인 bijoutier – bijoutière

세일 les soldes	짐수레 la chariot
계산대 la caisse	매장, 코너 le rayon
진열대 la vitrine	라벨 l'étiquette
점원 vendeur(se)	바구니 le panier
손님 client(e)	선물용 포장 le paquet-cadeau
집으로 배달 la livraison à domicile	계산원 la caissière

 **가격을 묻고 답하기**

• Combien je vous dois? / Ça coûte combien? / C'est combien? (얼마입니까?)

• Ça fait combien? (합이 모두 얼마인가요?)

• C'est bon marché. (싸네요)

• Ça coûte trop cher! (너무 비싸요)

• C'est raisonnable. (적당하네요)

Ⅰ. 괄호 안을 채우시오.

(1) Elle va à (　　　　) pour acheter des cahiers, des stylos er de la colle.

(2) (　　　　) vend de la saucisson et du jambon.

(3) Je vous (　　　　) combien?

(4) Il achète une tarte et des gâteaux chez (　　　　).

(5) Il est allé à (　　　　) pour acheter un médicament contre le rhume.

(6) Thomas est allé à (　　　　) pour réserver un billet d'avion pour Paris.

Ⅱ. 연결하시오.

(1) du fromage •　　　　　　　　　• ⓐ boucherie

(2) du pain et des croissants •　　　• ⓑ poissonnerie

(3) de la viande de boeuf •　　　　• ⓒ caviste

(4) du vin •　　　　　　　　　　• ⓓ crémerie

(5) des poissons et des fruits de mer •　• ⓔ boulangerie

(6) des bagues •　　　　　　　　• ⓕ marchand de chaussures

(7) des revus et des journaux •　　　• ⓖ fleuriste

(8) les escarpins •　　　　　　　• ⓗ librairie

(9) des bouquins •　　　　　　　• ⓘ bijouterie

(10) les fleurs •　　　　　　　　• ⓙ kiosque

Exercices
해답

1. 인사

　Ⅰ. (1) Bonne chance!

　　 (2) Je vous(t') en prie= Il n'y a pas de quoi=De rien

　　 (3) Je vous en prie=Ce n'est pas grave.

　　 (4) Merci.

　　 (5) À vos / tes souhaits

　　 (6) Bon voyage!

2. 소개

　Ⅰ. C'est / Voilà / Enchantée

3. 이름묻고 답하기 / 주거지묻고 답하기

　Ⅰ. (1) habites (2) m'appelle / habite (3) épeler (4) comment

4. 국가 국적 언어

　Ⅰ. (1) Vous vous appelez comment?

　　 (2) Je suis coréenne.

　　 (3) Quelle est votre profession? / Quel est votre métier? / Qu'est-ce que vous faites?

　　 (4) Où habitez-vous?

　Ⅱ. (1) la Jourdanie (2) la Suède (3) L'Iran (4) la Finlande

5. 직업

　Ⅰ. (1) dans un hopîtal (2) dans un avion (3) dans une banque

　Ⅱ. (1) directeur (2) dentiste (3) garagiste (4) serveur, garçon

　Ⅲ. (1) puéricultrice (2) peintre (3) bibliothécaire, écrivain

6. 신체와 건강

　Ⅰ. (1) 1) Où avez-vous mal 2) gorge 3) tête 4) langue 5) fièvre 6) tousse
　　　　 7) enceinte

　　 (2) 1) enrhumé 2) l'ordonnance 3) comprimés 4) pastilles
　　　　 5) sirop 6) vitamine

　Ⅱ. (1) ventre (2) yeux (3) pieds (4) tête (5) gorge

7. 날씨
   Ⅰ. (1) Quel temps (2) froid (3) fait

8. 의복
   Ⅰ. (1) – ⓐ (2) – ⓔ (3) – ⓒ (4) – ⓑ (5) – ⓓ
   Ⅱ. (1) un imperméable (2) un pyjama (3) un survêtement (4) un maillot de bain

9. 속옷·소품들
   Ⅰ. (1) manteau (2) Un tailleur (3) un peignoir (4) un jogging
   Ⅱ. (1) raccourcir (2) rallonger (3) élargir (4) rétréci

10. 신발·보석
   Ⅰ. (1) cherche (2) essayer (3) fais (4) va / plaît
   Ⅱ. (1) un sous-vetêment (2) un imperméable (3) des sandales

11. 거주지·집
   Ⅰ. (1) propriétaire (2) locataire (3) l'agence immobilière (4) caution
       (5) crémaillère
   Ⅱ. (1) la chambre (2) une salle à manger + un salon (3) la cuisine (4) la cave

12. 방·거실
   Ⅰ. (1) un lit (2) couette (3) armoire (4) table de nuit (5) un réveil
       (6) une commode
   Ⅱ. (1) débarrasser / nettoyer la table : 식탁을 치우다 / 식탁을 깨끗이하다
       (2) faire / ranger la vaisselle : 설거지하다 / 식기를 정리하다
       (3) balayer / ranger / nettoyer / faire la cuisine : 부엌을 청소하다 / 정리하다 /
           청소하다 / 요리하다
       (4) passer l'aspirateur : 청소기를 돌리다
       (5) nettoyer / faire les vitres : 유리창을 청소하다
       (6) arroser les plantes : 화초에 물을 주다
       (7) étendre le linge 빨래를 널다
       (8) faire la lessive : 빨래하다
       (9) faire le lit 침대정리하다
       (10) passer la serpillière : 대걸레질을 하다
       (11) vider la poubelle : 쓰레기통을 비우다

(12) epousseter des meuble : 가구의 먼지를 털다

13. 학교

Ⅰ. (1) a / d / f / g (2) b / c / d / e / f

Ⅱ. (1) es / suis (2) j'obtiendrai (3) fait (4) passe (5) corrige

14. 학교체제

Ⅰ. (1) la rentrée (2) septembre / juin (3) bac(calauréat) (4) facultés

(5) redoubler

Ⅱ. (1) l'école maternelle (2) l'école primaire (3) le college (4) lycée

(5) l'université

15. 은행

Ⅰ. (1) combien / comment / chèque (2) faire un versement

Ⅱ. (1) emprunte (2) rembourse / intérêts (3) à crédit (4) la monnaie

(5) n'a pas d'argnet

Ⅲ. (1) Je suis désolé(e). Je n'ai pas de monnaie. (2) Rendez -moi la monnaie.

16. 우체국

Ⅰ. (1) coller (2) affranchir (3) envoyer (4) remplir (5) distribue

(6) la philatéliste (7) jaunes (8) carnet

Ⅲ. (6) – (5) – (3) – (2) – (1) – (4)

17. 운동

Ⅰ. (1) – ⓐ (2) – ⓕ (3) – ⓒ (4) – ⓑ (5) – ⓓ (6) – ⓔ (7) – ⓗ (8) – ⓖ

18. 취미

Ⅰ. (1) aux 우리는 일요일마다 미레이집에서 카드놀이를 한다.

(2) du   프랑스사람들은 여가를 위해 목공일하는 것을 좋아한다.

(3) de la 우리 엄마는 시간이 나시면 바느질을 하신다.

(4) du 그녀는 뜨개질하는 것도 좋아한다.

(5) au 우리 연놀이할까?

(6) du마밀드는 스케이트 타는 것을 좋아한다.

19. 부엌용품

Ⅰ. (1) cuisinière (2) cuisine (3) cuisinier (4) cuisine

Ⅱ. (1) une cafetière (2) un batteur (3) un couteau (4) une cocotte

20. 집안용품·개인용품
   Ⅰ. (1) nourrice (2) coudre (3) repasser (4) cheveux
   Ⅱ. (1) − ⓑ (2) − ⓓ (3) − ⓐ (4) − ⓒ

21. 욕실
   Ⅰ. (1) dentifrice (2) pèse-personne (3) rasoir, mousse à raser (4) shampooing
     (5) peigne

22. 자동차·전철·자전거
   Ⅰ. (1) le permis (2) en / prends / le métro (3) fait du / à l'heure (4) un plan
   Ⅱ. (1) conducteur (2) en voiture / en bus / en métro …
   Ⅲ. (1) accélère (2) recule (3) freine (4) coupe
   Ⅳ. (1) dans les stations de métro (2) pointe (3) creuses

23. 기차·버스·비행기
   Ⅰ. (1) à l'aéroport (2) à l'arrêt (3) au port (4) à la station (5) à la gare
   Ⅱ. (1) billet (2) quel / quelle (3) à (4) en / classe (5) non fumeur
   Ⅲ. (1) décolle (2) attérit (3) les passagers (4) L'équipage

24. 휴가·여행
   Ⅰ.(1) correspondance (2) développer (3) défaire (4) Faire du (5) l'auto-stop
   Ⅱ. 공통의 동사 : prendre
     (1) 일광욕을 하다
     (2) 일사병에 걸리다
     (3) 비행기 타다
     (4) 약을 먹다
   Ⅲ. (1) − ⓑ (2) − ⓐ (3) − ⓒ (4) − ⓓ

25. 호텔
   Ⅰ. (1) 방해하지 마세요
     (2) 방청소해주세요.
   Ⅱ. (1) d'eau chaude
     (2) Le climatiseur / Le chauffage
     (3) Le lit
     (4) Une couverture
     (5) de papier-hygiénique

    (6) Le robinet
    (7) le restaurant

26. 컴퓨터·정보처리

Ⅰ. (1) un magnétoscope (2) un magnétophone (3) une imprimante
   (4) un ordinateur (5) une chaîne-hifi
Ⅱ. allumer / allumé
Ⅲ. (1) sauvegarder (2) L'informatique (3) électronique

27. 전화

Ⅰ. (1) éteindre (2) sur (3) allumé / éteint (4) sur
Ⅱ. (1) – ⓐ (2) – ⓑ (3) – ⓔ (4) – ⓓ (5) – ⓖ (6) – ⓒ (7) – ⓗ (8) – ⓙ (9) – ⓕ
   (10) – ⓘ
Ⅲ. (1) annuaire (2) une facture

28. 감정(1)

(1) – ⓑ (2) – ⓕ (3) – ⓐ (4) – ⓓ (5) – ⓒ (6) – ⓔ (7) – ⓖ

29. 감정(2)

I. (1) – ⓐ (2) – ⓕ (3) – ⓑ (4) – ⓒ (5) – ⓓ (6) – ⓔ (7) – ⓖ (8) – ⓘ (9) – ⓗ

30. 가족

(1) Gérard (2) Mathide (3) Thomas (4) Léa (5) Frédéric (6) Laure (7) Damien
(8) Marie (9) Camille

31. 동물

Ⅰ. (1) le zèbre (2) le chameau (3) le singe (4) l'éléphant (5) le perroquet
Ⅱ. (1) – ⓓ (2) – ⓒ (3) – ⓔ (4) – ⓑ (5) – ⓐ

32. 식물

Ⅰ. e – f – a – d – c – b
Ⅱ. (1) – ⓑ (2) – ⓓ (3) – ⓐ (4) – ⓒ (5) – ⓔ (6) – ⓕ

33. 채소

Ⅰ. (1) piment (2) navet (3) aubergine (4) menthe (5) épinard
Ⅱ. (1) – ⓓ (2) – ⓔ (3) – ⓑ (4) – ⓐ (5) – ⓒ

Ⅲ. RATATOUILLE

34. 과일

Ⅰ. (1) banane (2) carotte (3) framboise (4) fraise (5) abricot

Ⅱ. (1) figues

    (2) poirier

    (3) pommes

Ⅲ. (1) banane, citron, ananas

    (2) mandarine, orange, pamplemousse

    (3) pastèque, cerise, fraise

35. 자연과 자연재해

Ⅰ. (1) – ⓐ (2) – ⓐ (3) – ⓑ (4) – ⓐ (5) – ⓑ (6) – ⓒ

Ⅱ. (1) un raz de marée

    (2) le séisme

    (3) un volcan

36 색깔 1

Ⅰ. (1) rouge (2) rose (3) orange (4) rouge / blanc

    (5) blanc (6) le gris (7) blanc / noir

37. 색깔 2

Ⅰ. (1) clair (2) transparent (3) trouble (4) terne

Ⅱ. (1) blanches (2) bleue (3) noir

38. 성격, 특징

Ⅰ. (1) – ⓒ (2) – ⓓ (3) – ⓔ (4) – ⓑ (5) – ⓐ

Ⅱ. (1) grosse (2) maigre (3) régime

39. 수 1

Ⅰ. (1) huitième

    (2) mil sept cents quatre– vingt–dix–neuf

    (3) Napoléon premier

    (4) Le premier mai

Ⅱ. (1) dernier (2) deux (3) quatre

40. 수 2

Ⅰ. (1) pairs (2) rond (3) égale (4) divisé par

Ⅱ. (1) – ⓒ (2) – ⓓ (3) – ⓑ (4) – ⓐ

41. 방향

Ⅰ. (1) La banque est à côté du café.

(2) Non, C'est à côté de la banque.

(3) C'est en face de la banque.

42. 통행

Ⅰ. (1) sens interdit

(2) stationnement interdit

(3) Défense de fumer

(4) Interdit de toruner à gauche.

Ⅱ. (1) péage

(2) virages

(3) embouteillages (bouchons)

(4) affluences (pointe)

43. 공연과 전시

Ⅰ. (1) joue (2) doublage (3) fait (4) complet

Ⅱ. (1) – ⓒ (2) – ⓓ (3) – ⓑ (4) – ⓐ

44. 책

Ⅰ. (1) lectrices (2) exemplaire (3) épuisé (4) dialogue

Ⅱ. (1) contes (2) chefs – d'oeuvres (3) nouvelle

45. 식사

Ⅰ. (1) – ⓔ (2) – ⓓ (3) – ⓐ (4) – ⓑ (5) – ⓒ

Ⅱ. (1) dîne (2) fromage (3) L'appétit (4) oeuf

46. 레스토랑

Ⅰ. (1) du vin

(2) le pourboire

(3) un digestif

(4) le vin

(5) un apéritif
Ⅱ. (1) ⓒ (2) ⓓ (3) ⓑ (4) ⓐ

47. 가게
  Ⅰ. (1) la papeterie
  (2) Le charcutier
  (3) dois
  (4) le pâtissier
  (5) la pharmacie
  (6) l'agence de voyage
  Ⅱ. (1) − ⓓ (2) − ⓔ (3) − ⓐ (4) − ⓒ (5) − ⓑ
  (6) − ⓘ (7) − ⓙ (8) − ⓕ (9) − ⓗ (10) − ⓖ